TABLEAU

HISTORIQUE ET RAISONNÉ

DES GUERRES

DE NAPOLÉON BUONAPARTE.

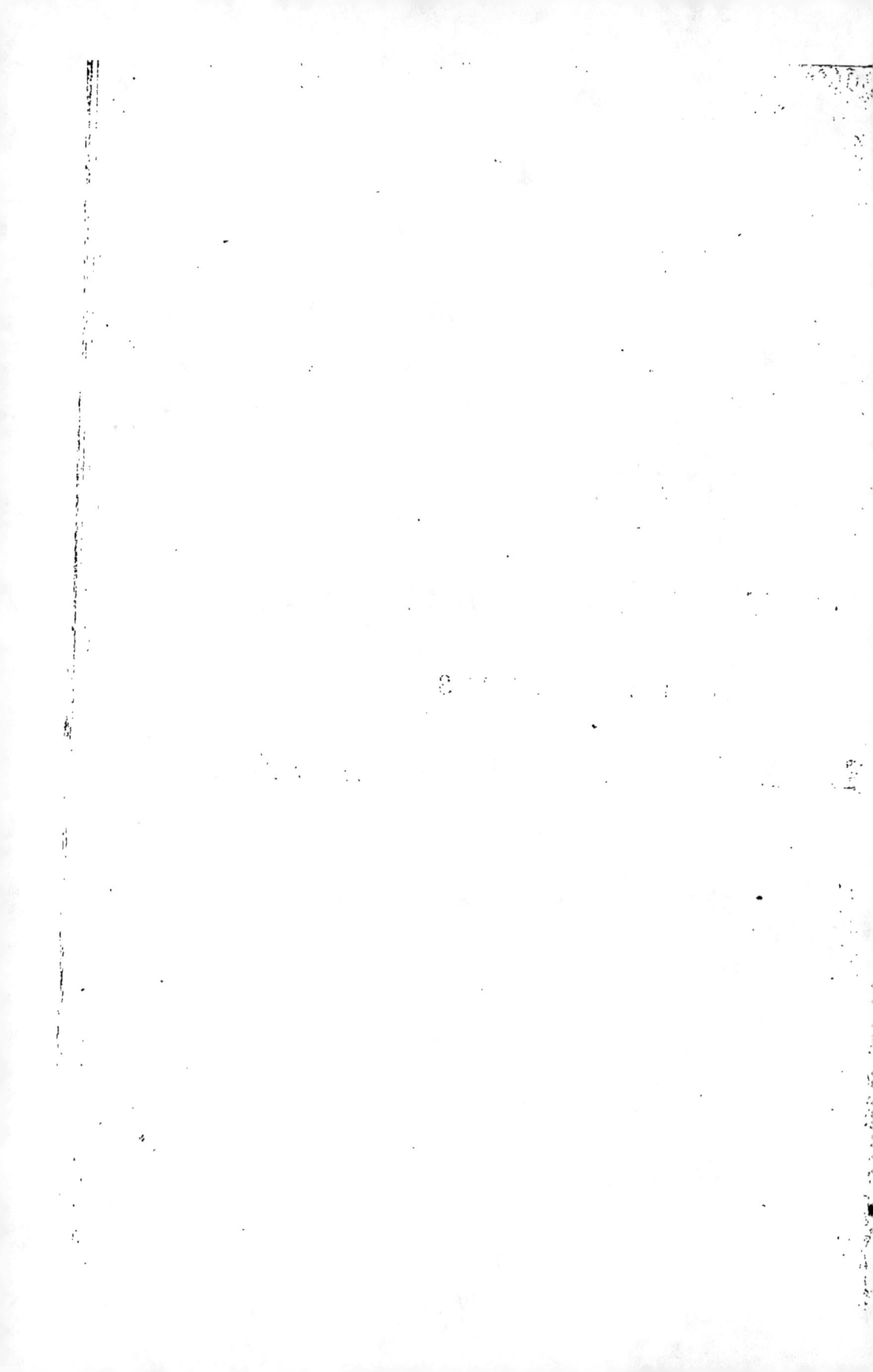

TABLEAU

HISTORIQUE ET RAISONNÉ

DES GUERRES

DE NAPOLÉON BUONAPARTE,

DE LEURS CAUSES ET DE LEURS EFFETS.

PAR M. MICHAUD DE VILLETTE.

SECONDE PARTIE.

A PARIS,

L. G. MICHAUD, IMPRIMEUR DU ROI,

RUE DES BONS-ENFANTS, N°. 34.

M. DCCC. XIV.

TABLEAU

HISTORIQUE ET RAISONNÉ

DES GUERRES

DE NAPOLÉON BUONAPARTE.

LIVRE III (1).

Départ de Toulon. — Entrée à Malte. —
Descente en Égypte. — Prise d'Alexan-
drie.—Marche dans le désert. —Bataille
des Pyramides.—Entrée au Caire.—Expé-
dition de Belbeys. — Destruction de la
Flotte. — Travaux législatifs. —Massacre
du Caire.

On a vu, dans le livre précédent, jusqu'à quel
point la France était engouée de son général.
Les plans gigantesques, et les idées extraordinaires de cet homme si extraordinaire lui-même,
s'étaient communiqués à tous les esprits.

---

(1) La première partie de cet Ouvrage, qui vient
d'être remise sous presse, ayant été divisée en deux
Livres, celui-ci doit être le troisième, quoique la première Édition de la première partie n'en ait d'abord
formé qu'un seul.

Aucune entreprise ne pouvait être désormais trop grande, ni trop difficile, pour les armées de la république. Toujours imitateurs de l'antiquité, les Français, d'abord humbles disciples des Brutus et des Caton, s'annoncèrent alors comme les maîtres du monde; et à l'exemple des Romains, qui s'étaient eux-mêmes proclamés les habitants de la *Ville éternelle*, les modernes républicains se vantèrent à la face de l'Europe d'être les *citoyens de la grande Nation.*

On conçoit que, dans une telle disposition des esprits, les idées les plus folles et les plans les plus extravagants durent paraître simples et naturels.

Il faut cependant avouer que le projet de conquérir l'Egypte, et d'y établir une colonie, ne fut pas toujours une chimère, ni tout-à-fait un projet insensé. L'ancien gouvernement y avait pensé plus d'une fois, et il existait dans les cartons des ministres un grand nombre de plans qui furent remis à Buonaparte. Quelques-uns de ces plans avaient été donnés par des hommes sages et d'une habileté reconnue. Mais ils étaient fondés sur une puissance maritime dont les bases venaient de disparaître, et ils n'avaient été conçus que dans le temps où notre pavillon rivalisait avec celui des Anglais, lorsque la moitié de l'Europe était notre alliée, et lorsque d'intimes liaisons pouvaient faire espérer que la cour Ottomane elle-même approuverait l'invasion de son territoire.

C'était surtout à l'époque des dernières guerres de l'Inde et de l'Amérique que cette entreprise avait été conçue; et elle pouvait alors faire une diversion utile. Les établissemens que la France eût formés dans ce temps-là en Egypte auraient été beaucoup plus faciles à conserver que ceux de Pondichéri et de Québec.

Le commerce du Levant, déjà si florissant avant la révolution, eût reçu de grands accroissemens; cette contrée en fût devenue le centre; et se trouvant mieux à nôtre portée, elle eût été un excellent point d'appui pour attaquer au besoin la puissance anglaise dans ses bases les plus fragiles. Mais un tel plan avait besoin d'être préparé de longue main. De nombreuses escadres, de puissantes alliances, devaient en assurer l'exécution; et dans l'état de barbarie et de misère où sont les peuples de l'Egypte, ce n'était que bien long-temps après s'y être établis, que les Français pouvaient se flatter d'être dédommagés de leurs sacrifices.

Ce que l'ancien gouvernement n'avait pas osé faire avec une marine formidable, lorsque toutes les puissances de la Méditerranée étaient ses alliées; lorsque l'Angleterre avait, loin de ces parages, de plus grands intérêts à défendre : Buonaparte ne craignit pas de l'entreprendre avec la seule flotte dont la France pût disposer; dans le moment où toute l'Europe était armée contre nous ; lorsque l'Angleterre, parvenue au plus haut degré de puissance maritime, voyait le Grand-Seigneur prêt à se jeter dans ses bras ; lorsqu'enfin les intérêts du commerce étaient ceux dont la république semblait être le moins occupée.

Dans un tel état de choses, cette entreprise était si étonnante et si invraisemblable, que l'Angleterre et la Turquie, les deux puissances les plus intéressées à s'y opposer, n'y crurent qu'au moment où elle fut près d'être exécutée.

Cependant on en fit presque publiquement, pendant six mois, les préparatifs ; long-temps avant le départ de la flotte, il n'était bruit à Paris, et dans toute la France, que des immenses apprêts de la grande expédition. Partout on en indiquait la marche et l'objet; les journaux officiels, eux-mêmes, en racontaient d'avance les merveilles (1). On recherchait, on achetait

---

(1) Extrait du *Moniteur* du 11 germinal an VI (avril 1798) : « Il se prépare une expédition à la fois savante » et militaire, dont la destination est pour une autre par-

partout les cartes, les mémoires et les relations
sur l'Egypte; enfin on recrutait publiquement
des savants et des artistes, des ouvriers en tout
genre, destinés à porter dans l'Orient la lumière
et le bonheur.

Ainsi le but et les moyens de cette grande
opération ne pouvaient être méconnus. Cependant les bons esprits y trouvaient si peu de raison et de vraisemblance; il leur paraissait si téméraire de fonder une grande opération sur les
succès de la marine française, dans l'état de décadence où cette marine était tombée; ils regardaient comme si imprudent d'en exposer les
débris à une perte assurée, qu'ils pensèrent
long-temps que tous ces préparatifs n'étaient
que de vaines démonstrations destinées à tromper le ministère britannique. Quelques personnes
crurent même que ces préparatifs n'avaient pour
but que de détourner son attention d'une entreprise bien plus audacieuse, mais dont les résultats plus prompts, et surtout plus grands et plus

---

» tie du monde. Des hommes très distingués dans toutes
» les sciences et dans tous les arts en font partie. *On parle*
» *de l'Égypte, où nous descendrions, dit-on, du con-*
» *sentement du Grand-Seigneur. Peut-être sommes-nous*
» *destinés à voir renouveler une expédition encore plus*
» *brillante que ne le fut celle d'Alexandre.* »

décisifs, semblaient encore plus capables de séduire un homme tel que Buonaparte.

Le ministère anglais fut long-temps dans l'incertitude, et il avait envoyé de nombreux vaisseaux à la recherche des Français dans tous les parages de l'Océan.

Mais tandis qu'on l'attendait sur les côtes d'Irlande, et sur la route du Cap de Bonne-Espérance; tandis que l'amiral Saint-Vincent bloquait le port de Cadix, de peur que la flotte espagnole ne se réunît à la flotte Française, celle-ci était partie de Toulon le 19 mai 1798, et elle naviguait paisiblement sur la Méditerrannée; les bâtiments de transport sortis de Gênes, de Civita-Vecchia et de l'île de Corse, venaient sans obstacle se réunir à elle.

Jamais une expédition aussi formidable n'était sortie des ports de France. On y comptait quinze vaisseaux de ligne, huit frégates, des flûtes, des corvettes, et une immense quantité de bâtiments de transport; enfin, cette nouvelle *armada* était composée de quatre cent trente voiles, ayant à bord plus de soixante mille hommes, lorsqu'elle se présenta devant Malte, le 9 juin 1798.

Quelque redoutable que fût un aussi prodigieux armement, il est probable que tous ses efforts eussent été impuissants devant une pareille

forteresse, si depuis long-temps elle n'avait été
vendue par la plus évidente perfidie.

Dès le mois de janvier, plusieurs émissaires
de la république étaient venus s'établir dans
l'île sous de vains prétextes. Ces apôtres de la
propagande avaient réuni, dans des banquets
scandaleux, un grand nombre de citoyens cor-
rompus et de chevaliers parjures. Tout avait
été concerté dans ces réunions séditieuses. Les
chefs du complot y mirent tant d'impudeur, que
deux mois avant l'arrivée de Buonaparte, ils ouvrirent publiquement une souscription pour les
frais de la descente des Français en Angleterre.
Le commandeur Bosredon Ransijat, secrétaire
du trésor, après avoir pendant vingt ans dila-
pidé les finances de l'ordre, s'était mis à la
tête des intrigues qui devaient en achever la
ruine; et tandis que cet homme, à jamais méprisable, souscrivait lui-même pour la descente des
Français en Angleterre, il disposait tout pour
que leur descente à Malte n'éprouvât aucun
obstacle.

Au moment où les vaisseaux de la république
parurent, ce lâche apostat déclara que ses vœux
étaient *de combattre les Turcs et non pas les
Français.* Conduit aussitôt en prison par ordre
du grand-maître, il fut relâché dès que les mau-
vaises dispositions de ses dignes confrères,

Touzard et Bardonenche, eurent rendu inévitable la reddition de la place.

Ces derniers, que leur rang mettait à la
tête de l'armée maltaise, avaient toujours, comme
Bosredon, professé ouvertement les principes de
la révolution française, si opposés aux règles et
aux statuts de leur ordre ; ce fut de concert qu'ils
divisèrent, dispersèrent les plus braves chevaliers
dans des forts éloignés, et qu'ils les y laissèrent
ensuite sans ordres et sans munitions. Enfin, ce
furent les mêmes hommes qui disposèrent avec
tant d'art et de perfidie les esprits de la populace
et des soldats, qu'après le massacre de treize des
chevaliers les plus fidèles, les autres furent écartés,
arrêtés et réduits à l'impossibilité la plus absolue de faire la moindre résistance.

Buonaparte n'eut donc qu'à se présenter.
D'abord il demanda à entrer dans le port avec
toute son escadre, pour y faire de l'eau ; et
quoique cette demande ne fût évidemment qu'un
prétexte, puisque la flotte n'était en mer que
depuis vingt jours, le grand-maître consentit,
malgré l'usage de toutes les nations, à laisser
entrer quatre vaisseaux à la fois. Le général
français parut offensé de cette réserve ; il fit
entourer l'île, et son armée y descendit sur quatre
points en même temps. Dès que le faible grand-

maître vit les colonnes françaises se diriger
sur la ville qu'il habitait, dès qu'il entendit
les cris de la populace révoltée contre les chevaliers fidèles, il se hâta d'envoyer des négociateurs au général Buonaparte ; et l'un de ces
négociateurs fut le commandeur Bosredon, celui-
là même qu'il venait de faire emprisonner
comme partisan des Français.

MM. Poussielgue et Dolomieu furent chargés
de cette négociation, de la part du général Buonaparte. Ce choix est assez remarquable ,
puisque le premier était venu dans l'île trois
mois auparavant, pour y préparer les esprits en
faveur des Français, et que le second , ancien
commandeur de Malte , était devenu l'ennemi
de cet ordre. On a dit, pour justifier Dolomieu ,
qu'il avait été entraîné dans cette expédition
sans en connaître le but ni les moyens , et,
qu'arrivé devant Malte , il fut inopinément
contraint par la force de prendre part à la
destruction de son ordre. Mais il est difficile
d'oublier qu'il avait été condamné dans sa
jeunesse à perdre l'habit de chevalier; qu'il avait
eu des démêlés très vifs avec les chefs de son
ordre et avec la cour de Rome ; qu'il s'était
montré l'un des partisans de la révolution de
France ; que depuis qu'il avait quitté l'île il y
conservait des relations avec plusieurs de ses

confrères , et qu'enfin ces confrères , entre
autres le commandeur Bosredon, furent précisément ceux qui se conduisirent le plus mal,
ceux qui les premiers se montrèrent lâches et
parjures. Il est cependant possible que, malgré
toutes ces apparences , M. Dolomieu n'ait pas
été coupable de la bassesse dont toute l'Europe
l'a accusé; j'ai même entendu dire à plusieurs de
ses amis, qui lui ont survécu, qu'il déplora long-
temps le rôle qu'on lui avait fait jouer dans cette
occasion. S'il en est ainsi, il faut au moins avouer
qu'il était bien fâcheux pour un homme d'hon-
neur de se trouver sous les ordres d'un chef tel
que Buonaparte.

On pense bien qu'un négociateur du caractère
de Bosredon (1) ne fut pas difficile sur les articles

---

(1) M. Bosredon , a publié, en 1801 , un journal du
Siège de Malte, dans lequel il accuse le grand-maître
Hompesch d'avoir lui-même livré cette place : mais
cette accusation ne prouve pas que M. Bosredon n'ait
lui - même concouru à cette honteuse reddition; et l'esprit dans lequel son ouvrage est écrit, vient au contraire
fort bien à l'appui des accusations qui lui ont été géné-
ralement adressées à cet égard. On y remarque dès le
commencement, entre autres preuves de ce genre , que
Buonaparte daigna honorer ce commandeur *de sa*

de la capitulation, et que MM. Poussielgue et Dolomieu n'eurent que des ordres à donner, ou pour
mieux dire, qu'ils ne firent que régler définiti-
vement ce qui était arrêté dès long-temps.

Il s'était à peine écoulé vingt-quatre heures
depuis l'apparition des Français, ils n'avaient
pas encore tiré contre les remparts un seul coup
de canon, et déjà tous les forts de l'île, tous les
magasins, tous les arsenaux leur étaient livrés (1); déjà leur chef s'était établi dans l'un
des palais de la capitale, et là il attendait la
visite du grand-maître.

Ce malheureux prince ne s'étant pas d'abord
rendu à ce *devoir*, par oubli, ou par un reste
de sentiment de sa dignité, encourut toute la
disgrâce de son orgueilleux *vainqueur*, et il lui
fournit ainsi une occasion ou un prétexte de le
traiter avec la dernière rigueur, et de violer

---

confiance, et que ce commandeur *rendit au grand
homme tous les services qui dépendaient de lui.*

(1) Quelques jours après cette honteuse capitulation,
Buonaparte se promenant autour des remparts de la Va-
lette avec le général Caffarelli, en admirait la cons-
truction et la force. « Il faut convenir, lui dit Caf-
» farelli, que nous sommes bien heureux qu'il y ait
» eu du monde dans cette ville pour nous en ouvrir les
» portes. »

dans tous ses points le traité qui venait d'être conclu.

Ce fut en vain que le faible vieillard mit bientôt le comble à son ignominie, en écrivant au *citoyen Buonaparte*, pour le remercier de *sa prévenance*, de *sa générosité*..... « Il l'assura même » qu'il eût mis un grand empressement à aller lui » offrir l'expression de sa reconnaissance, si, par » une délicatesse qui n'avait pour objet que de » ne rien faire *qui pût rappeler aux Maltais* » *sa personne et leur ancien gouvernement,* » il ne se fût déterminé à éviter toute occasion » de se montrer en public. »

Le grand-maître ne pouvait assurément s'exprimer avec plus d'humilité et de résignation ; il était impossible qu'il abdiquât d'une manière plus claire et plus positive.

Ainsi Buonaparte n'eut plus qu'à agir en souverain, et l'on sait qu'en pareil cas il n'hésita jamais. Après avoir déclaré, dans un ordre du jour, que Malte *appartenait à la république française*, il créa dans cette île un gouvernement provisoire, à la tête duquel il mit par nécessité, autant que par reconnaissance, les hommes dont la lâcheté et les intrigues avaient si bien contribué à la reddition de la place. L'ex-constituant Regnault de Saint-Jean-d'Angely, qui avait été chargé de défendre les intérêts de l'ordre, à l'assemblée nationale et qui avait reçu pour cette mission un traitement annuel, fut nommé commissaire de la république près du nouveau gouvernement. Il semblait que cette puissance fût destinée à tomber par les mains de ceux-là même auxquels sa défense avait été confiée!

Le général français ordonna d'effacer, de renverser partout les armes et les signes de l'ordre; et son ordonnance fut exécutée dans le palais, et jusque sous les yeux du grand-maître; on renversa même devant lui le buste de la Vallette, et l'on brisa en sa présence cette image d'un prédécesseur qui devait lui rappeler alors tant de souvenirs humiliants. Le troisième jour ce vieillard fut embarqué sur une galère désarmée, qui fit voile pour Trieste. On lui avait promis cent mille écus de rente par le traité d'abdication; le premier paiement devait lui être fait comptant : il reçut en partant cent mille francs, qui venaient d'être enlevés dans ses caisses, et le reste de la somme lui fut donné en traites sur la France. C'est le seul paiement qui ait été fait de cette pension alimentaire, en échange d'une souveraineté et de l'une des plus redoutables forteresses qui existent. Le malheureux vieillard se rendit de Trieste en Russie, et après avoir abdiqué une seconde fois en faveur

2e. *Part.*   2

de l'empereur Paul Ier., qui s'était fait grand-maître, il vint mourir à Montpellier, dans le mépris et l'obscurité.

Buonaparte obligea également tous les cheva-liers fidèles à s'éloigner de l'île *dans les vingt-quatre heures*, et ces malheureux furent entassés à la hâte sur des vaisseaux marchands qui se trouvaient dans le port.

Tous les prêtres, les religieux, les religieuses furent expulsés de leurs couvents, et la plus grande partie reçurent aussi l'ordre d'*évacuer l'île*. Il n'y eut d'exception que pour l'évêque, dont les *vertus pastorales*, selon les expressions du général français, avaient, ainsi que la *valeur* de Bosredon et de Bardonenche, for-tement contribué à la reddition de la place. Ce prélat avait le premier recommandé à ses ouailles *obéissance aux vainqueurs*, et dès leur arrivée il avait fait chanter solennellement un Te Deum *en actions de grâces*. Buonaparte lui en témoigna publiquement sa satisfaction ; et après avoir dépouillé les églises, après en avoir dispersé ou emprisonné les ministres, il écrivit à cet évêque : « Je ne connais pas » de caractère plus respectable et plus digne » de la vénération des hommes, qu'un prêtre » qui, plein du véritable esprit de l'évangile, » *est persuadé que ses devoirs lui ordonnent*

» *de prêter obéissance au pouvoir temporel.* »

Il est aisé de voir par combien de bassesses un tel compliment avait été mérité. Le nom de cet homme méprisable ne se trouve pas dans les pièces officielles où j'ai puisé ces détails, et je regrette de ne pouvoir le placer ici à côté de celui des Bosredon, des Bardonenche et des Touzard, bien dignes de figurer sur la même ligne.

Au reste, dans le moment où le général de la république écrivait à un évêque catholique des choses si édifiantes, il entretenait des intelligences avec les Grecs sujets de la Porte, il envoyait à cette puissance des protestations d'amitié, rédigeait ses proclamations aux Turcs et aux Arabes, accordait aux Juifs sa protection toute particulière, leur permettait de fonder une synagogue à Malte, et s'engageait à aller à Jérusalem pour rétablir le temple du Seigneur! C'était en se moquant ainsi de toutes les croyances, en montrant pour tous les peuples le plus profond mépris, qu'il se flattait de les faire concourir tous en même temps à ses vues ambitieuses.

Ces moyens de persuasion ne lui faisaient pas négliger les moyens de force et de violence. Il s'empara de deux vaisseaux de ligne, d'une frégate et de plusieurs galères qui se trouvaient

2..

dans le port; fit enlever des magasins, des arsenaux toutes les provisions et munitions navales.
Manquant surtout de marins exercés, il con-
traignit, par une espèce de *presse républicaine*,
les matelots maltais à s'enrôler sur son escadre.
Toute la population fut ensuite organisée en
garde nationale; et quoique la conscription ne
fût pas encore décrétée en France, il en donna le premier exemple, en obligeant la jeunesse maltaise à servir sur sa flotte ou dans
son armée de terre. Sa prévoyance s'étendit
jusqu'aux enfants, et les plus riches furent
surtout l'objet de sa sollicitude. Il en fit une
liste pour les envoyer dans le sein de la république-mère recevoir une éducation *militaire*
et *libérale*, déclarant que cette éducation
intéressait la sûreté et la prospérité publiques,
et que les parents qui s'y refuseraient *seraient
condamnés à mille écus d'amende...* Mais la
suite des événements ne permit pas que ces otages
partissent pour leur destination.

Buonaparte s'empara après cela de toutes les
caisses publiques, du trésor de Saint-Jean, de
l'argenterie de l'hôpital, de celle des églises
et même de celle des habitants. Tout fut con-
verti en lingots et mis à bord des vaisseaux
français. Enfin, le général compléta le bonheur et la prospérité de l'île par un système

d'imposition et de finances qui devait mettre à sa disposition une somme de deux ou trois millions par an.

Ainsi finit un Ordre fameux, une puissance si long-temps funeste aux ennemis de la religion et du commerce des européens ; ainsi fut livrée cette place qui, trois siècles auparavant, avait résisté pendant quatre mois à tous les efforts de cent mille Turcs !

Cette conquête était à tous égards d'une très haute importance ; et s'il était vrai que la France dût avoir une colonie en Égypte, l'île de Malte lui offrait de grands avantages pour s'y maintenir. Buonaparte avait fort bien apprécié tous ces avantages, et il était depuis long-temps décidé qu'il débuterait par-là dans l'exécution de son plan.

Les premières paroles de paix, et la demande de faire de l'eau, ne furent donc qu'un vain prétexte ; il est bien sûr qu'avant le départ de Paris il avait été arrêté que l'on s'emparerait de Malte par la ruse ou par la force des armes. C'est ce que l'un des écrivains militaires les plus distingués n'a pas craint de dire ouvertement, dans un ouvrage publié sous le gouvernement de Buonaparte : « La demande que » fit le général français, et le refus du grand- » maître de recevoir son escadre dans le port

» de Malte, et de permettre aux bâtiments du
» convoi de faire de l'eau dans les différents
» mouillages de l'île, ne furent que de *vaines*
» *formalités*. S'assurer du point le plus impor-
» tant entre l'Europe et l'Asie, de l'entrée des
» mers du Levant, et de la navigation exclusive
» de la Méditerranée, dont les Anglais allaient
» s'emparer; leur ôter un point de retraite,
» qui, à cette distance moyenne, était aussi com-
» mode comme entrepôt pour leurs spéculations
» commerciales, que redoutable comme appui
» pour soutenir et rafraîchir les Italiens et les
» croisières de leurs bâtiments de guerre; enfin
» *s'assurer de cette communication indispen-*
» *sable pour l'exécution de ses projets ulté-*
» *rieurs, telles furent les vues de Buona-*
» *parte, et les motifs de cette attaque inat-*
» *tendue.* » (Extrait du *Précis des Opérations*
militaires, par le général Dumas.)

Tel est le secret ordinaire de la politique des
conquérants ; il suffit qu'une conquête soit utile
à leur ambition pour qu'elle leur paraisse légitime. La question, auprès de ces fléaux de l'humanité, se réduit toujours à la possibilité du
succès; ainsi, pour eux il n'y a d'entreprise juste
que contre les faibles ; il n'y en a de coupable
que contre les forts.

Buonaparte avait alors beaucoup de motifs

pour se flatter d'être au nombre de ces derniers :
jamais une attaque ne fut mieux légitimée par le
résultat. Il paraît que la joie qu'il ressentit de ce
premier succès ne fut troublée par aucun fâcheux
pressentiment. « Nous avons dans le centre de la
» Méditerranée, écrivait-il au Directoire, la place
» la plus forte de l'Europe, et il en coûtera cher
» à ceux qui nous en délogeront. » Cet homme,
aussi imprévoyant que ridiculement vain, ne s'a-
percevait pas alors de la difficulté de défendre
Malte sans escadres, et il ne voyait pas que cette
place n'est réellement forte que dans les
mains d'une puissance qui est maîtresse de la mer,
ou qui peut au moins en disputer l'empire. L'imprévoyance et l'aveuglement qui avaient présidé
aux premières conceptions de son plan, l'accom-
pagnèrent dans toute son exécution, et la même
cause produisit les mêmes malheurs dans tout le
cours de cette désastreuse expédition.

Quelle que soit au reste l'importance que Buonaparte dût mettre à cette première conquête,
il est bien sûr qu'il ne devait l'attribuer ni à ses
talents ni à sa valeur. Le hasard l'avait servi
autant que la ruse et la trahison ; car malgré ses
intelligences et ses complots, dès long-temps
préparés, il pouvait arriver précisément le contraire de ce que l'on vient de voir. Toute cette
trame aurait pu être rompue par un seul homme,

par la moindre des circonstances imprévues. Il pouvait survenir au grand - maître un mouvement de fermeté et d'énergie; à défaut de sa volonté, un seul homme courageux pouvait lui donner une bonne impulsion. Dans un instant cet homme eût saisi les rênes de l'état, et d'un seul mot il eût fait mettre aux fers une douzaine de chevaliers rebelles ; il eût réduit au silence le grand-maître lui-même, et toute la conjuration était déjouée.

Dans ce cas, l'armée française aurait été arrêtée au moins pendant plusieurs mois. Buonaparte ne pouvait pas attendre un seul jour !... Les escadres anglaises ne devaient pas tarder à être averties, et elles allaient accourir sur le chemin de son immense convoi.

Tout annonce qu'il sentait alors combien il lui importait de faire diligence. Dix jours lui suffirent pour prendre possession de Malte, pour dépouiller cette île de ses richessses, pour s'emparer de ses moyens de défense, pour renverser jusque dans leurs bases sa religion et son gouvernement. Le génie des révolutions, travaillant pour le cahos, n'eût pas opéré avec plus d'activité. Tout était consommé le 19 juin ; et la flotte qui avait paru devant Malte le 9 du même mois, s'en éloignait déjà pour aller à de nouvelles aventures.

Ainsi, après s'être emparé de cette forteresse
à la manière de Philippe, Buonaparte marchait
à la conquête de l'Asie, sur les traces d'Alexandre. Le nombre de ses soldats, tous ses moyens
d'attaque surpassaient de beaucoup ceux du
héros qu'il semblait s'être proposé d'imiter. Ses
ennemis étaient loin d'être aussi puissants que
le grand roi de Perse; nous verrons s'il obtint
les mêmes résultats que son modèle.

Favorisée par les vents, autant que par l'é-
loignement et la marche incertaine des escadres britanniques, la flotte française arriva devant Alexandrie douze jours après son départ
de Malte.

Pendant cette traversée, les troupes de terre,
peu accoutumées à de pareils voyages, avaient
été pressées et entassées sur des vaisseaux, de
la manière la plus incommode; elles avaient été
mal nourries, accablées de chaleur, et elles ne
s'étaient consolées de tant de souffrances que
par l'espoir de voir bientôt se réaliser les belles
promesses qui leur avaient été faites (1). L'É-

_____

(1) En partant de Toulon, Buonaparte avait promis
à ses soldats que chacun d'eux aurait de quoi acheter à
son retour au moins six arpents de terre. « Vous *vendrez*
» à la patrie, leur avait-il dit dans une proclamation,
» les services qu'elle a droit d'attendre d'une armée d'in-
» vincibles. »

gypte était donc alors pour elles la terre de Chanaan ; et chaque soldat fut transporté de joie lorsqu'il en aperçut le rivage. Mais le chef de l'entreprise dut éprouver une joie bien plus vive encore. Personne mieux que lui n'avait dû sentir les difficultés d'une pareille navigation ; personne mieux que lui n'avait dû voir tous les dangers auxquels s'était trouvée exposée, pendant quarante jours, cette longue suite de bâtiments chargés sans mesure, et conduits par des mains inhabiles.

. On a vu avec quelle imprudence et quel aveuglement le plan de cette expédition avait été conçu ; le même aveuglement et la même imprudence avaient présidé à l'embarquement ; le chef et les soldats entrèrent dans les vaisseaux avec une confiance et une sécurité pareilles. Ils étaient dans une ignorance à peu près semblable sur les suites de cette périlleuse entreprise. Mais lorsqu'il fut loin du rivage, sur une mer orageuse et semée d'écueils ; lorsqu'il connut bien l'inexpérience de ses équipages, l'impossibilité de défendre son immense convoi contre la première escadre qu'il eût rencontrée ; lorsqu'il sut enfin qu'à chaque instant il pouvait en rencontrer une qui l'eût anéanti, alors Buonaparte sentit les dangers de sa position ; et il est évident que telle fut la pensée qui l'accompagna

dans toute la traversée ; telles furent les craintes
et les inquiétudes qui précipitèrent ses opérations à Malte, et qui le conduisirent jusqu'au
rivage égyptien.

Arrivé dans la rade d'Alexandrie, il apprend
que douze vaisseaux de ligne anglais s'y sont
présentés vingt-quatre heures auparavant. Cette
nouvelle fait renaître toutes ses alarmes ; son impatience de débarquer est extrême, et rien ne peut
le décider à différer cette périlleuse opération.
Vainement on lui fait considérer l'agitation de la
mer, le danger de s'approcher des côtes avec des
vaisseaux de ligne ; ce n'est qu'après avoir vu
deux de ces vaisseaux s'aborder, tomber sur le
vaisseau amiral, et prêts à s'échouer, qu'il leur
permet de regagner le large.

Frappé de l'idée qu'il peut tout perdre par
un retard de quelques minutes, et par-dessus tout
occupé, selon sa coutume, de son salut person-
nel, il se met dans la première barque ; et, *au ris-
que de se naufrager*, dit-il lui-même, *il se jette
à la côte.* « A l'instant où les préparatifs du dé-
» barquement général se faisaient, ajoute cet
» homme courageux, on signala dans l'éloigne-
» ment une voile de guerre ; je m'écriai : *For-
» tune, m'abandonneras-tu ?* » Heureusement
pour le général et pour son armée, le signal
était une erreur ; la voile appartenait à un bâ-

timent français, et cette fois encore Buonaparte en fut quitte pour la peur.

Ce débarquement, exécuté dans un moment où la mer était extrêmement houleuse, fut dangereux et pénible. Il en coûta la vie à plusieurs soldats, dont les barques furent jetées par les vagues sur les nombreux rescifs du mouillage; mais on y mit une telle activité que tout fut achevé en moins de vingt-quatre heures; et dès le lendemain, au point du jour, la presque totalité de l'armée française se trouva sous les murs d'Alexandrie.

C'était une opération bien facile que de s'emparer de cette place, défendue par une populace saisie d'effroi et par quelques marchands qui s'étaient armés à la hâte. Une enceinte de vieilles murailles, sans fossés, sans bastions et sans artillerie, était le seul obstacle que les Français dussent rencontrer. Il se trouvait même à ces murailles plusieurs brèches faites par le temps, et que l'on n'avait point réparées. Derrière ce faible rempart étaient accumulés, en suppliants plutôt qu'en ennemis, une foule d'habitants consternés, et qu'une simple sommation eût mis aux pieds du vainqueur.

Mais cette sommation, Buonaparte ne daigna pas la faire; ou pour mieux dire, elle n'entra pas dans son plan, parce qu'il voulait, dès le premier moment, en imposer par la terreur de ses armes.

Ce fut avant d'avoir exprimé une seule plainte, avant d'avoir pu articuler le moindre grief, et sans aucune espèce de déclaration de guerre, que le général en chef de l'armée française déploya toutes ses forces contre une ville sans défense, surprise au sein de la paix, et se reposant dans la sécurité la plus parfaite sur la foi des traités. Ce fut ainsi qu'il attaqua, avec le même appareil qu'une redoutable forteresse, des murailles qui tombaient en ruines ; et ce fut ainsi qu'il dirigea tous les efforts de son armée contre des habitants qui levaient les bras au ciel, et qui ne purent opposer à des ennemis si inattendus que des pierres et quelques balles impuissantes, lorsqu'ils les virent s'avancer malgré leurs prières et leurs gémissements.

On conçoit que de pareilles armes ne purent empêcher les bataillons français de pénétrer par des brèches toutes faites, ni d'escalader des murailles que les voyageurs ont comparées aux murs de nos jardins. Les généraux Kléber, Bon et quelques autres furent cependant blessés dans ce singulier assaut ; mais leurs blessures ne furent pour la plupart que des contusions, et je ne crois pas que ces braves généraux se soient jamais vantés de cet exploit.

La populace fut aussitôt dispersée, et les plus braves tinrent seuls un peu plus long-temps dans des mosquées et dans des tours où ils avaient été conduits par la crainte d'être égorgés, beaucoup plus que par l'espoir de résister. Ils tirèrent de là quelques coups de fusil sur les colonnes françaises; et cette défense, quelque faible et quelque légitime qu'elle pût être, devint la cause ou le prétexte d'un pillage et d'un massacre qui durèrent plusieurs heures.

Buonaparte fit d'abord quelques caresses au Shérif d'Alexandrie, dont il crut avoir besoin pour l'exécution de ses projets; il le revêtit d'une écharpe tricolore et le chargea *de faire connaître la vérité au peuple.* Quelque temps après le même homme fut accusé de conspiration; on l'arrêta et on le conduisit avec quelques-uns des principaux habitants à bord du vaisseau Amiral, où il resta prisonnier jusqu'au 3i juillet: il fut tiré de cette prison au moment où elle allait être détruite, et on le fit partir pour le Caire, où il fut mis à mort en arrivant. Buonaparte fit placer sa tête au bout d'une pique, avec cette inscription: *Koraïm, Shérif d'Alexandrie, condamné à mort pour avoir trahi ses serments.* Ce jugement n'était appuyé d'aucun fait ni d'aucune preuve; et le général Kléber, qui en avait été la première cause en faisant arrêter un peu légèrement le Shérif, se repentit amèrement dans la suite de l'avoir ainsi livré à la fureur du général en chef. Le seul tort de ce respectable vieillard était d'avoir parlé avec dignité au général français, après la prise d'Alexandrie. « Comment » avez-vous osé vous défendre, lui dit Buonaparte? » Mon nom ne vous a-t-il inspiré ni crainte ni » respect? — Je ne l'avais pas entendu pronon- » cer, répondit le chef Musulman, et je ne » savais pas même que tu existasses. » Une réponse à peu près semblable, faite autrefois à Alexandre, avait excité la surprise et l'admiration du vainqueur de l'Asie ; elle lui avait inspiré des sentiments de générosité et de clémence : Buonaparte fit mourir le Shérif.

Ce fut donc par un assaut inutile, et par un massacre odieux, que l'armée française marqua ses premiers pas sur le territoire Musulman, et ce fut ainsi que son général traita les sujets du plus ancien allié de la France, les mêmes qui deux jours auparavant avaient refusé aux anglais de leur laisser faire de l'eau dans leur rade ; ce fut ainsi qu'il reconnut une preuve si récente et si peu équivoque de leur inviolable fidélité.

Le lendemain, Buonaparte publia dans la même ville cette proclamation si bizarre, si ridicule ; ce monument éternel d'imposture et de honte :

« Peuples de l'Egypte, on vous dira que je
» viens pour détruire votre religion; ne le croyez
» pas. Répondez que je viens *pour restituer vos*
» *droits, punir les usurpateurs , et que je res-*
» *pecte plus que les Musulmans, Dieu, son*
» *prophète et le Coran.* Dites-leur que *tous les*
» *hommes sont égaux devant Dieu :* la sagesse,
» les talents et les vertus mettent seuls de la
» différence entre eux. Or, quelle sagesse, quelle
» vertu, quels talents distinguent les Mamluks,
» pour qu'ils aient exclusivement tout ce qui
» rend la vie aimable et douce ? Y a-t-il une
» belle terre , elle appartient aux Mamluks.

» Si l'Egypte est leur ferme, qu'ils montrent
» le bail que Dieu leur en a fait. Mais Dieu
» est juste et miséricordieux pour le peuple :
» tous les Egyptiens sont appelés à gérer toutes
» les places; que les plus sages, les plus ins-
» truits, les plus vertueux gouvernent, et le
» peuple sera heureux.

» Cadis, Cheiks, Imans , dites au peuple *que*
» NOUS SOMMES AUSSI DE VRAIS MUSULMANS. *N'est-*
» *ce pas nous qui avons détruit le Pape,* qui
» disait qu'il fallait faire la guerre aux Musul-
» mans ? *N'est-ce pas nous qui avons détruit*
» *les chevaliers de Malte, parce que ces in-*
» *sensés croyaient que Dieu voulait qu'ils*
» *fissent la guerre aux Musulmans ?* N'est-ce

» pas nous qui avons été dans tous les temps les
» amis du Grand-Seigneur (Que Dieu accom-
» plisse ses desseins), et les ennemis de ses en-
» nemis ? Les Mamluks au contraire ne se sont-
» ils pas toujours révoltés contre l'autorité du
» Grand-Seigneur qu'ils méconnaissent encore?»

C'était le lendemain du jour où il avait mis
leur ville à feu et à sang, que Buonaparte disait
aux habitants d'Alexandrie, qu'il n'était venu en
Egypte que pour les délivrer de leurs oppres-
seurs ; c'était après avoir mis leurs mosquées au
pillage, après avoir profané ces temples de leur
Dieu par les plus lâches assassinats, qu'il se
disait ainsi l'ami de leur prophète ! Cette proclamation peut être regardée comme le type de
beaucoup d'autres pièces non moins sacriléges et
non moins ridicules, qu'il publia dans la suite :
elle fait assez connaître les moyens dont il prétendait se servir pour fonder son nouvel empire;
elle ne montre pas moins jusqu'à quel point il
s'abusait sur le caractère et la crédulité des
hommes qu'il voulait tromper.

Celui qui, dans toutes les circonstances et dans
tous les pays, fit profession du plus profond mépris
pour tous les peuples et pour toutes les croyances, ne se crut pas obligé à de grandes précautions envers une nation ignorante et crédule.
Cependant il est vrai que, même pour de tels

hommes, cette imposture était trop grossière,
et que les Cophtes et les Arabes eux-mêmes refusèrent de croire aux mensonges que des faits
si atroces et si imprévus venaient de démentir
sous leurs propres yeux. D'aveugles admirateurs,
ou des flatteurs à gages, ont cependant offert ces
misérables jongleries comme des témoignages
d'une grande habileté; et ils ont donné comme
preuve incontestable d'un profond génie ces
ridicules mensonges !

En même temps qu'il faisait égorger les peuples auxquels il *apportait le bonheur*, Buonaparte faisait dire au Grand-Seigneur, dont il
envahissait le territoire, qu'il était venu pour
prendre sa défense contre les Mamlucks. Il
profita pour ce message, du départ d'une cara-
velle turque, dont le capitaine paraît lui avoir
été de quelque utilité à son débarquement.

Soit que le Grand-Seigneur fût prévenu de cet
acte de félonie, soit que la seule mission dont
ce capitaine était chargé fût un crime à ses yeux,
le sultan le fit mettre aux fers à son arrivée à
Constantinople. Le *citoyen* Beauchamp, alors
consul de la république à Mascate, et que Buonaparte avait chargé de l'accompagner, subit le
même sort, et ce premier acte d'hostilité fut suivi
d'une déclaration de guerre.

Désespérant alors d'être appuyé par le con-

sentement de la Porte-Othomane, Buonaparte
eut recours à un mensonge encore plus incroyable que toutes ses professions de foi. Il rédigea
lui-même une proclamation de l'empereur des
Turcs, adressée à ses peuples de l'Egypte, et il
se hâta de publier cette pièce mensongère, d'a-
près laquelle ce n'eût été qu'avec le consente-
ment du Grand-Seigneur qu'il s'emparait de l'É-
gypte. Cette nouvelle imposture fit plus de dupes que les précédentes, et beaucoup d'habitants
de l'Égypte, les Mamlucks eux-mêmes, crurent
que le sulthan Sélim était réellement, ainsi qu'ils
le lurent dans la fausse proclamation, le *protec-
teur* et l'*ami* du général français.

Buonaparte avait préparé toutes ces proclamations dans la traversée; il en adressa une du
même genre aux Arabes bédouens. Il crut qu'en
les assurant *de son respect pour l'Alcoran,* et
en leur proposant d'entrer dans son alliance, ce
peuple de brigands cesserait de piller et d'égorger les soldats français qu'il trouvait isolés.
Une seule tribu de ces barbares parut croire
à ces assurances, et elle envoya des députés à
l'armée française. Buonaparte crut avoir obtenu un
grand résultat, et il s'en vanta dans ses rapports
officiels, comme d'une victoire importante. Les
députés furent comblés de présents; ils promirent
d'augmenter la confédération; mais ces habitants

du désert étaient des fourbes plus rusés que le général français; ils ne revinrent plus, aucun des leurs ne se présenta, et ils continuèrent à égorger les malheureux qu'ils trouvèrent isolés.

Quelque atroce que dût paraître ce genre d'hostilités, on ne peut nier qu'elles ne fussent de trop légitimes représailles. Avant l'arrivée de l'armée française, ces barbares vivaient en paix dans leurs déserts, et certes ils auraient bien pu dire au moderne conquérant, comme autrefois les Scythes à Alexandre : « Qu'avons-nous à » démêler avec toi ? Jamais nous n'avons mis le » pied dans ton pays... Toi, qui fais gloire de » venir à la poursuite des brigands, tu es le » brigand de tous les pays où tu es entré.... Plus » tu as, plus tu désires ce que tu n'as pas.... La » victoire n'est pour toi qu'une nouvelle source » de guerre... Tu as beau être le plus fort et le » plus puissant, on ne veut pas d'un étranger » pour maître. » Cette dernière partie de l'apostrophe des Scythes eût été bien remarquable dans la bouche des Arabes, s'ils l'eussent alors adressée à Buonaparte. On pourrait croire qu'elle a été faite pour les dernières années de sa puissance, si elle n'était pas écrite depuis quinze siècles dans le livre de Quinte-Curce.

Ce fut surtout dans sa marche à travers le désert, que l'armée française eut beaucoup à souffrir de ces terribles ennemis. Ils vinrent jusqu'à vingt - cinq pas des colonnes égorger les officiers de l'état-major; et le défaut absolu de cavalerie ne permit pas de les rejeter pour un seul instant dans leurs affreuses retraites.

Mais ce ne fut pas les seuls maux qui accablèrent les Français pendant ce terrible voyage. Il faut voir dans les récits des militaires qui faisaient partie de cette armée, les détails de tout ce qu'elle eut à souffrir. Le capitaine Gay écrivait ainsi à son père, quelques jours après son arrivée au Caire :

« Nous avons marché pendant dix-sept jours,
» sans pain, sans vin, ni eau-de-vie , et cinq
» jours sans eau, dans des plaines brûlantes,
» l'ennemi continuellement à nos trousses. Croi-
» rez - vous que pendant dix -sept jours notre
» nourriture n'a été que des pastèques et des
» melons d'eau ; ce qui a fait *qu'un nombre in-*
» *fini de militaires sont morts de faim et de*
» *soif!* Nous ne pouvions attendre aucun sécours
» des habitants de ces contrées, attendu que ce
» sont des sauvages *qui nous égorgeaient à*
» *demi-portée de fusil de nos colonnes.* Mal-
» gré les pauvres malheureux qui tombaient en
» défaillance , nous étions obligés de marcher
» toujours en colonnes serrées , parce que leur
» cavalerie profitait du moment où nous étions

» en désordre, *pour nous charger et nous faire*
» *un mal considérable.* Jour et nuit nous étions
» sous les armes, ce qui nous causait des fatigues
» mortelles. *Le mécontentement était peint*
» *sur tous les visages. Les soldats étaient sur*
» *le point de refuser de marcher. Plusieurs*
» *militaires se sont brûlé la cervelle ; d'au-*
» *tres se sont précipités dans le Nil ; il s'est*
» *commis des choses terribles.* »

Le capitaine Rozis écrivait dans le même
temps à son ami Grivel :

« Nous n'avons trouvé ni eau, ni pain, ni au-
» cune espèce de vivres. *Il nous est mort, dans*
» *l'espace de six jours, six à sept cents hommes*
» sans exagérer, tous par la soif... *Il existe un*
» *mécontentement général dans l'armée.* Le
» despotisme n'a jamais été au point qu'il est au-
» jourd'hui : *des soldats se sont donné la*
» *mort en présence du général en chef, en*
» *lui disant :* Voila ton ouvrage. »

On voit par d'autres lettres de la même époque, que tous les soldats accusaient hautement
l'ambition de leur général, et que plusieurs fois
ils s'écrièrent, en le voyant passer avec son état-
major : *Voilà les bourreaux de l'armée.*

Cependant, malgré ce mécontentement, qui
semblait universel et près d'éclater à chaque
instant, la patience et la résignation du plus

grand nombre triomphèrent de tous les obstacles; et à l'exception de quelques actes de
désespoir, qui n'étaient funestes qu'à leurs auteurs, rien ne troubla le général en chef dans
ses imprudentes opérations. Il conserva lui-même
beaucoup de calme dans cette position difficile ;
et il répondit à toutes les plaintes avec une présence d'esprit qui contribua beaucoup à faire
supporter les fatigues et à apaiser les murmures.

Mais si les victimes de son aveuglement et de
son imprévoyance avaient pu savoir qu'il eût
dépendu de lui de leur faire suivre une route plus
sûre et plus commode; si tous ces malheureux
avaient pu imaginer que ce n'était que pour
arriver au Caire quelques heures plus tôt, qu'il
avait préféré le chemin du désert, pense-t-on
qu'il eût pu contenir leur trop juste indignation!... Cependant, rien n'était plus simple et plus
facile en partant d'Alexandrie, pour se rendre
au Caire, que de côtoyer la mer jusqu'à Rosette, et de remonter ensuite sur la rive gauche du Nil, en se faisant accompagner par une
flottille. Buonaparte avait alors par sa marine de
grands moyens de transport, et il lui eût été
facile d'établir, en peu de temps, un passage
sur le détroit du lac Madié, qui se serait trouvé
sur son passage. Toutes les munitions, les vivres,

les équipages, et jusqu'aux sacs des soldats, pouvaient dans ce cas être transportés sur la flottille. On sent de quelle importance devaient être ces considérations, dans une marche où l'on ne devait trouver ni eau, ni vivres, ni munitions; où les soldats, vêtus et chargés outre mesure, selon la méthode européenne, devaient expirer de chaleur et de fatigue.

Ce chemin n'eût pas exigé beaucoup plus de temps que celui du désert, puisque la division Dugua, qui le suivit, après être partie d'Alexandrie peu de temps avant l'armée, arriva presque aussitôt qu'elle à Ramahnié. Pendant que les autres divisions s'étaient trouvées en proie à tous les genres de privations et de fatigues, celle-là avait suivi sans peine le rivage de la mer, faisant porter sur des chaloupes tout ce qui l'eût embarrassée. Elle avait pris Rosette sans résistance, et elle avait ensuite remonté le Nil avec la plus grande facilité.

En vérité, je ne puis rien comprendre aux motifs qui déterminèrent Buonaparte à préférer le chemin du désert, à moins que ce ne fût, comme je l'ai dit, pour gagner quelques jours et pour surprendre ses ennemis, ou pour les empêcher de réunir leurs forces. Mais on verra que de pareils ennemis étaient incapables de mettre à profit un retard de quelques instants,

et que les Français n'avaient pas besoin de les
surprendre pour avoir sur eux une grande supériorité. Il importait beaucoup plus au chef de
ces derniers de ne pas les décourager au début
de son entreprise, et de ne pas leur faire supporter des maux qui, dans un tel climat,
pouvaient lui faire perdre la moitié de son armée. On se rappelle que dans de pareils déserts, et par une témérité à peu près semblable,
Cambyse vit autrefois s'anéantir la sienne.

L'historien apologétique de Buonaparte, com-
parant cette marche et ces souffrances à celles
d'Alexandre et de son armée dans les déserts de
la Gédrosie, dit avec beaucoup d'emphase: « Dans
» une pareille extrémité l'armée d'Alexandre
» poussa des cris séditieux contre le vainqueur
» du monde ; les Français accélérèrent leur
» marche! » J'ai fait voir que dans cette occasion
l'impassibilité de l'armée française ne fut pas
tout-à-fait telle que la représente le général Berthier ; cependant je suis convaincu que les bataillons que Buonaparte conduisit en Egypte ne le
cédaient ni en courage ni en dévouement aux
célèbres phalanges macédoniennes. Mais quelle
que soit l'affectation avec laquelle on a comparé
les actions du général français à celles du roi de
Macédoine ; quels que soient les efforts qu'il a
faits lui-même pour se placer auprès du vain-

queur de l'Asie, je crois que ce n'est que du côté
le plus odieux qu'il est possible de trouver quelque
ressemblance dans la conduite de ces deux am-
bitieux conquérants.

C'est surtout en Egypte et en Syrie, c'est lorsqu'il a parcouru les contrées qu'Alexandre avait
soumises, que Buonaparte s'est efforcé de marcher sur les traces du héros macédonien. En
abordant sur le rivage d'Afrique, il dit à ses soldats : « La première ville que nous allons ren-
» contrer a été bâtie par Alexandre. Nous trou-
» verons à chaque pas de grands souvenirs dignes
» d'exciter l'émulation des Français.» C'était
assurément sous un de ses plus beaux côtés que
Buonaparte louait alors le vainqueur de l'Asie;
mais ensuite ce ne fut plus Alexandre, fondateur
des cités, qu'il voulut imiter : au Caire, à Jaffa,
dans la Syrie et la Palestine, nous verrons que ce
n'était que le destructeur de Thèbes et l'incen-
diaire de Persépolis que le général français avait
pris pour modèle.

Sous le rapport de la tactique et des opérations militaires, il est peut-être possible de
trouver aussi quelquefois dans ces deux fléaux
de l'espèce humaine des points de rapprochement et de ressemblance. Leur ambition ne fut
pas moins excessive ; leurs projets ne furent pas
moins gigantesques. La pointe qu'Alexandre fit

dans l'Inde, lorsqu'il eut soumis le vaste empire
de Darius, a été comparée à celle que Buonaparte a faite à Moscou lorsqu'il commandait
au continent européen. Cependant les deux entreprises sont loin d'avoir eu les mêmes causes et
les mêmes résultats. La marche des troupes macédoniennes, dans les déserts, fut aussi pénible que
meurtrière; mais les circonstances ne peuvent en
être comparées à l'affreuse situation dans laquelle
les soldats français se sont trouvés sur les rives
glacées de la Bérésina. S'ils ne se mutinèrent pas
alors, et si malgré tant de maux ils restèrent
soumis à leurs chefs, c'est que, mourants de froid
et de fatigue, ils expiraient dans les glaces et la
neige sans pouvoir proférer une parole, sans
pouvoir faire un mouvement pour se défendre.

Lorsqu'Alexandre descendit l'Indus et qu'il
prit le chemin du désert et de la côte, au lieu
de rétrograder par la route qu'il avait parcou-
rue, il a eu plusieurs motifs : le premier était de
connaître son nouvel empire, et le second de
recevoir la soumission des nations de l'em-
bouchure du fleuve et du Mékran, auxquelles
il n'eut qu'à se montrer. Il avait d'ailleurs pris
toutes les précautions possibles ; Néarque et
Onesicrite avaient été envoyés avec une flotte
pourvue de vivres, afin de suivre par mer le chemin que l'armée allait prendre par terre. Il en-

voya Cratès sur le chemin par lequel il était venu, afin d'avertir de sa marche les divisions qui étaient restées en arrière. Celles qui étaient dans la Susiane eurent ordre de venir à sa rencontre, ce qu'elles firent en s'enfonçant dans le désert de la Gédrosie. L'armée d'Alexandre souffrit beaucoup en traversant ce désert, et c'est dans cette situation qu'il est curieux de comparer ces deux hommes célèbres.

Le vainqueur de l'Asie ne cessa pas de donner aux Macédoniens l'exemple de la fermeté et du courage. Marchant à pied dans les sables brûlants, au milieu des imprécations et des menaces des soldats, il ne voulut pas s'éloigner d'eux un seul instant. Qui ne sait comment Buonaparte a abandonné les siens en Egypte, en Russie, lorsque trois cent mille d'entr'eux expiaient si cruellement sa témérité et son orgueil!

J'ai dit que ses soldats n'avaient pas moins de valeur que ceux d'Alexandre. Peut-être que s'il eût montré lui-même autant de fermeté et de courage que le vainqueur de l'Asie, il eût obtenu d'aussi grands résultats pour son ambition, sans que sa patrie en eût d'ailleurs été ni plus heureuse ni plus florissante. Il a toujours eu à sa disposition des moyens d'attaque plus considérables que ceux d'Alexandre. Lorsqu'il débarqua en Egypte, son armée était plus nombreuse que

célle qui attaqua les Perses au passage du Gra-
nique, et il s'en faut de beaucoup qu'il ait trouvé
à combattre dans cette contrée un monarque
aussi puissant que Darius. A Issus, à Arbelles,
Alexandre ne craignit pas d'attaquer des armées
dix fois plus nombreuses que la sienne. En Italie,
en Egypte, dans toute sa carrière militaire, Buonaparte a presque toujours combattu ses ennemis
avec des forces supérieures et sans cesse renou-
velées.

Alexandre eut assez de prudence pour ne pas
porter la guerre chez les Scythes. En marchant
contre les Russes c'était l'empire des Scythes que
Buonaparte allait attaquer ; cet empire est encore
aujourd'hui composé comme au temps d'Alexandre, d'un grand nombre de peuples pasteurs , et
défendu par d'immenses déserts ; la seule différence, c'est que ces peuples sont aidés par tous les
moyens de la civilisation, et défendus par des
armées régulières dont Buonaparte avait deux
fois éprouvé la valeur.

Un dernier trait achèvera ce parallèle, dont
les apologistes de Buonaparte ont seuls pu me
donner l'idée. Alexandre soumit en dix ans
la Grèce, l'Asie et une partie de l'Afrique.
Ce fut par le trépas de deux millions d'hommes qu'il créa son empire. Cet empire est
resté dans les mains de ses lieutenants, et leur

postérité le conservait encore plusieurs siècles
après sa mort. Buonaparte a troublé pendant dix-
huit ans le repos des quatre parties du monde;
sept millions d'hommes ont péri par ses ordres; il
a commandé à tout le continent européen, et son
ambition n'était pas satisfaite. Comme Alexandre,
il se trouvait trop à l'étroit au milieu de l'univers.
Mais Alexandre est mort au faîte des grandeurs;
son pouvoir n'a jamais été menacé. Buonaparte
a vu tomber le sien; il s'est condamné lui-même
à mourir dans une île obscure, et il ne peut accu-
ser de cette catastrophe que son ignorance, son
aveuglement et sa folle obstination.

Ce fut à Chebreiss que l'armée française ren-
contra pour la première fois les escadrons des
Mamlucks, et ce fut là que pour la première fois
elle put apprécier les avantages de sa tactique et
de sa discipline contre les efforts d'une cavalerie
très belle et très brave sans doute, mais dont
l'ignorance et l'aveuglement dédaignaient de se
soumettre aux régles les plus simples et les plus
indispensables de la tactique moderne.

La gauche des Français était appuyée au Nil.
Leur flottille, qui avait remonté le fleuve en se
tenant à la même hauteur que l'armée, for-
mait son aile gauche; mais, par l'imprudence
du général, cette flottille fut envoyée dans ce
moment-là à la découverte, et elle dépassa de

beaucoup le front de la ligne : alors, six chaloupes turques, qu'elle avait chassées devant elle,
profitèrent de cette faute pour revirer de bord,
et l'attaquer avec une grande impétuosité. Ces
chaloupes s'emparèrent de deux bâtiments français; elles en massacrèrent l'équipage, pillèrent
les nombreux effets qui y avaient été accumulés
par les troupes de terre, et ne lâchèrent leur
proie que lorsque les divisions de l'armée se
furent emparées de la position de Chebreiss.

Cette position n'avait été défendue que par un
corps de quatre mille cavaliers musulmans, sans
autre infanterie qu'un petit nombre de valets
dont les Mamluks se font accompagner à la
guerre, à peu près de la même manière que les
barons et les chevaliers se faisaient suivre par
leurs vassaux dans le quatorzième siècle. A Chebreiss, la plupart de ces valets, que les Egyptiens appellent des fellâhs, combattirent isolé-
ment derrière leurs maîtres, voltigeant dans
la plaine, et il ne resta dans le village, sur le
point le plus important, que quelques pelotons
d'une très mauvaise infanterie, que les Mamlucks
eux-mêmes méprisent au dernier point. Depuis
que ces fiers dominateurs de l'Egypte s'étaient
aperçus que l'armée française n'était composée
que d'infanterie, ils avaient aussi conçu pour elle

un profond mépris, et cet aveuglement fut la principale cause de leurs revers.

Tout l'espoir du chef de cette avant-garde était donc fondé sur ses Mamlucks. Cette brillante cavalerie s'offrit alors pour la première fois aux Français, couverte de fer et d'or, parfaitement montée, et très redoutable en apparence, mais chargeant pêle-mêle, comme les hordes irrégulières des cosaques, sans ordre, sans discipline, sans méthode, et ne sachant pas même former un peloton ni un escadron. On conçoit que les efforts d'une pareille troupe durent être bien vains contre l'expérience et le calme de l'infanterie française, formée en cinq carrés, avec l'artillerie aux angles et quelques tirailleurs sur les flancs. Cette infanterie n'était pas soutenue par un seul escadron, parce que l'on n'avait amené de France qu'un petit nombre de chevaux pour l'artillerie et pour l'état-major; et en attendant que les cavaliers fussent montés, ils avaient été mis sur la flottille. C'étaient eux qui formaient l'équipage des deux chaloupes prises à l'abordage; ainsi ils y furent tués pour la plus grande partie; et deux mois après cet évènement, dès que l'on put avoir un assez grand nombre de chevaux, les marins qui avaient échappé au désastre d'Aboukir furent transformés en dragons, afin de remplacer les cavaliers qui étaient morts sur les chaloupes.

L'armée française n'avait donc point de cavalerie à Chebreiss; mais aussi elle n'avait que de la cavalerie à combattre. Le succès ne fut pas un instant douteux, et je n'ai pas besoin, pour en faire connaître les causes, de répéter ici tout ce que Folard a dit en faveur de la supériorité de l'infanterie. D'autres causes favorisèrent encore les Français dans cette occasion, et les Mamlucks firent des fautes que Folard n'aurait pu prévoir. La plus importante fut d'abandonner un village qui était leur point d'appui et qu'ils devaient regarder comme la clé de leur position. Leur troupe en désordre s'éloigna de ce village, et vint se présenter devant la droite de l'armée française, qui les attendit de pied ferme, en renversa une grande partie par des décharges de mousqueterie à bout portant, et força les autres à s'éloigner. Ils revinrent encore plusieurs fois à la charge, et coururent long-temps au galop devant le front des carrés avec un courage étonnant et véritablement effrayant pour toute autre troupe que pour les bataillons français; mais c'était toujours sans méthode et dans le plus grand désordre qu'ils formaient ces attaques. Un seul escadron bien formé, qui les eût chargés dans cette situation, eût pu les tailler en pièces.

2ᶜ. *part.* 4

Voyant enfin qu'il leur était impossible de faire plier et d'entamer la ligne des Français, ils s'éloignèrent de leurs ennemis avec la même précipitation qu'ils les avaient attaqués, emportant de leur valeur une idée bien différente de celle qu'ils avaient d'abord conçue, et laissant sur le champ de bataille deux ou trois cents des leurs.

Ils abandonnèrent ainsi une position telle que Buonaparte pouvait y être arrêté plusieurs jours, s'il y eût rencontré une armée régulière, et si cette armée eût été conduite suivant les principes de la tactique européenne.

Dans ce cas-là, ses ennemis n'auraient eu besoin que de faire occuper Chebreiss par quatre ou cinq mille hommes d'infanterie. Cette disposition l'eût obligé à s'éloigner du Nil, et à marcher par sa droite dans le désert, en se séparant de la flottille qui appuyait sa gauche, et qui lui était d'un si grand secours. On ne peut nier qu'une telle manœuvre eût été fort dangereuse devant un ennemi entreprenant. S'il eût au contraire voulu, selon sa coutume, attaquer le village de front, il s'exposait à perdre la moitié de son armée, et il eût peut-être été arrêté dans sa marche. On se rappelle que cette armée était harassée de fatigue, dans le plus affreux dénuement, et prête à se révolter. Les effets d'une pareille défaite eussent été incalculables.

A la bataille des Pyramides, qui se donna huit jours après celle de Chebreiss, dans le voisinage du Caire, la position des deux armées était absolument la même; les résultats ne pouvaient donc changer. La seule différence que l'on put remarquer dans cette dernière occasion, c'est que Mourad bey avait rassemblé des forces beaucoup plus considérables, quoique Ibrahim n'eût pas voulu y réunir les siennes. Mais ces forces ne consistaient encore qu'en cavalerie de Mamluks et d'Arabes. Leur chef avait placé trente pièces d'artillerie dans une redoute élevée devant le village d'Embabé. Ce village se trouvait sur le rivage du Nil, où une flottille de part et d'autre protégeait le flanc de chaque armée, précisément comme à Chebreiss.

Les dispositions de Buonaparte furent encore les mêmes; et il était impossible qu'il en fît d'autres; le dernier sous-lieutenant lui eût donné l'idée de former des carrés pour résister à une armée qui n'était composée que de cavalerie. Cet ordre de bataille lui fut une seconde fois d'une grande utilité à l'aile droite, où deux mille cavaliers ennemis tentèrent encore en vain à plusieurs reprises d'entamer ses bataillons. Leurs charges furent extrêmement vives; et jamais les soldats français n'avaient vu de la cavalerie s'élancer avec tant d'impétuosité. Les Mamluks blessés et démontés venaient mourir dans les rangs, et en expirant ils essayaient encore de frapper leurs ennemis.

« Jamais, dit le général Boyer, je n'avais vu
» des soldats charger avec tant de fureur ; aban-
» donnés à la rapidité de leurs coursiers, ils
» fondirent comme un torrent sur les divisions
» de la droite, et se placèrent entre les deux
» carrés. Nos soldats, fermes et inébranlables,
» les attendent à dix pas, puis leur font un feu
» roulant, accompagné de quelques décharges
» d'artillerie. Dans un clin-d'œil plus de cent
» cinquante Mamluks étaient à terre, le reste
» cherche son salut dans la fuite : ils reviennent
» néanmoins à la charge, sont accueillis de la
» même manière. Rebutés enfin par tant de
» valeur, ils se rabattent sur notre aile gauche
» pour y tenter une seconde fortune. »

Mais cette gauche venait d'attaquer le village d'Embabé. L'artillerie destinée à le défendre fut si mal servie, qu'à peine elle avait eu le temps de fournir une décharge mal dirigée, que déjà l'infanterie française occupait la redoute sans avoir fait la moindre perte. Huit cents Mamluks, tournés par le général Rampon, et n'ayant plus de retraite, furent exterminés. Ceux qui échappèrent au fer des Français se noyèrent dans le Nil.

Mourad bey voyant le village d'Embabé emporté, ne songea plus qu'à la retraite; il abandonna son camp où les Français trouvèrent une grande quantité de bagages, de munitions, et surtout de vivres dont ils avaient un extrême besoin.

Cette victoire leur fit oublier tous leurs maux. L'esquisse du tableau qu'offrit alors leur armée, tracée par un témoin oculaire, m'a paru assez piquante, et il me semble que le caractère des soldats y est peint avec quelque vérité.

» L'espoir d'un riche butin avait ranimé leurs » forces... Au milieu des cadavres on vendait des » chevaux, des armes, des vêtements, des cha- » meaux; le champ de bataille était devenu » le marché où chacun venait demander ce » qu'il désirait... Quelle confusion! quel tableau! » c'était la joie la plus bruyante dans le silence » de la mort. Les uns mangeaient, buvaient; » d'autres se couvraient la tête d'un turban en- » core ensanglanté : celui-ci revêtait une pelisse; » c'était son trophée, il l'avait conquise au péril » de sa vie : personne ne pensait plus aux souf- » frances de la route. »

Ainsi, à la bataille des Pyramides comme au combat de Chebreiss, l'aveugle impétuosité de la cavalerie orientale vint se briser contre la valeur impassible de nos bataillons; et dans cette occasion, comme dans toutes celles où le calme,

l'expérience et la discipline seront opposés à
l'ignorance et au désordre, les troupes européennes eurent sur les barbares de l'Asie un immense avantage.

En adoptant l'artillerie et les armes des modernes, les peuples de l'Orient repoussent obsti-
nément l'ordonnance que ces armes ont rendue
nécessaire. Ils n'ont rien changé à leur manière
de combattre, et il semble que ce soient encore les
mêmes hommes qui résistèrent aux croisés dans
le treizième siècle ; ils ont même beaucoup perdu
de la force et de l'énergie qui furent inspirées à
leurs ancêtres par une nouvelle croyance et un
nouveau pouvoir. Dans les guerres des croisades,
ils ne montrèrent pas plus de valeur que les Européens , mais leurs chefs les conduisirent presque toujours avec plus d'habileté.

C'est surtout aux opérations de la croisade de
Saint Louis que cette remarque doit s'appliquer.

Ce fut à peu près sur le même terrain que se
passèrent les événements, et c'est aussi en marchant vers le Caire que l'armée française ren-
contra alors ses ennemis. Elle était partie de
Damiette, et c'était en côtoyant la rive droite
qu'elle remontait le Nil. Cette armée était
plus considérable que celle de Buonaparte,
mais elle avait affaire à des ennemis plus nombreux et plus entrep̃......s.

La défense de Massoure par l'émir Facardin; l'embuscade préparée à la flottille française, dans un enfoncement du Nil; enfin toutes les circonstances de la malheureuse campagne qui amena la captivité du roi de France, furent de la part des chefs Musulmans des opérations qui honoreraient aujourd'hui les premiers de nos généraux. Comment se fait-il que les descendants de pareils hommes aient dégénéré à un tel point, tandis que les troupes européennes sont parvenues à une si grande perfection ?

Ce fut donc à la supériorité de la tactique française, à la valeur et à la fermeté de ses troupes, beaucoup plus qu'à son habileté et à son propre courage, que Buonaparte dut ses premiers succès en Egypte. Pour ce qui concerne les premiers devoirs d'un général en chef, les vivres, les munitions, la santé et l'existence de ses soldats, il fut sous ce rapport, comme il a toujours été, d'une incurie et d'une imprévoyance sans exemple.

Après la bataille des Pyramides, les principaux habitants du Caire vinrent au-devant du vainqueur, et il alla établir son quartier-général dans cette capitale, le 25 juillet 1798. Desaix poursuivit Mourad bey dans la Haute-Égypte. Une avant-garde, sous les ordres de Leclerc, fut chargée d'observer le corps d'Ibrahim bey, sur les frontières de Syrie, et le reste de l'armée resta dispersé dans la Basse-Égypte.

Lorsque pressées et entassées sans pitié et sans précautions sur d'étroits bâtiments, les troupes de l'expédition avaient traversé la Méditerranée, elles supportaient sans murmure une gêne et des privations qui ne pouvaient être longues. Dans l'espoir d'arriver à la terre promise, à cette terre qu'on leur avait tant vantée, elles ne se plaignaient pas de quelques souffrances passagères. Mais quand ils mirent le pied sur le sable brûlant du rivage, au premier aspect de ces tristes déserts, les soldats furent désabusés. *Voilà les six arpents qu'on nous a promis*, disaient-ils en voyant cet immense horizon de plaines stériles. Ils furent encore bien plus désabusés lorsqu'ils entrèrent dans Alexandrie, où leur imagination s'était plue à voir tant de biens et de félicités!

Les *savants* de l'expédition n'avaient pas été moins crédules; leur étonnement ne fut pas moins grand, ni moins douloureux. La description suivante, que l'un d'eux fit alors de cette ville, fait assez bien connaître la misérable situation dans laquelle les Français la trouvèrent.

« Figurez-vous un amas confus de maisons » mal bâties, à un étage, petite porte et serrure » en bois, point de fenêtres, mais un grillage en

» bois, si resserré qu'il est impossible de voir
» au travers ; les rues étroites ; les habitants pau-
» vres, qui forment le plus grand nombre, *au*
» *naturel* : hommes en chemise bleue jusqu'à
» mi-cuisse, une ceinture et un turban de gue-
» nilles, voilà tout. J'espère que nous irons au
» Caire. Nous verrons s'ils sont comme ceux-ci.
» Alors j'aurai de ce charmant pays jusque par-
» dessus la tête. »

La lettre de ce savant fut écrite quelques jours
après le débarquement. Le général Boyer écrivit peu de temps après : « Figurez-vous des
» mères qui errent, la figure couverte d'un hail-
» lon noir, et offrent leurs enfants à vendre aux
» passants ; des hommes à moitié nus, dont le
» corps ressemble au bronze, la peau dégoû-
» tante, fouillant dans des ruisseaux bourbeux,
» et qui, semblables à des cochons, rongent et
» dévorent ce qu'ils y trouvent ; des maisons
» hautes de vingt pieds, dont le toit est une
» plate-forme, l'extérieur quatre murailles, et
» l'intérieur une écurie. »

On sent que de pareils hôtes durent faire sin-
gulièrement regretter aux soldats français les
riches habitations du Piémont et du Milanez.
Ils quittèrent donc sans peine cette première
conquête ; et quoique ce fût pour traverser un
désert, ils s'éloignèrent avec joie des murs d'A-

lexandrie. Ces malheureux ne savaient pas alors ce qu'ils auraient à souffrir dans ce désert, et quand ils y furent en proie aux maux les plus cruels, on les consola encore par la perspective du bonheur qui les attendait au Caire.

Cette ville leur avait été représentée comme très peuplée, très riche, comme le dépôt de tout le commerce de l'Inde. Quelle bonne fortune, si ce tableau eût été fidèle! mais encore une fois l'illusion fut bientôt dissipée; et l'on voit, par plusieurs descriptions de cette capitale, qui furent alors envoyées en France, que pour la malpropreté, la stupidité et la misère, les habitants du Caire ne le cèdent en rien à ceux d'Alexandrie.

Le désespoir s'empara alors de tous ces pauvres soldats, transportés si loin de leur patrie, sur une terre aussi inhospitalière, sans moyens et sans espoir d'en sortir. Déjà ils étaient prêts à tout sacrifier pour revoir leur patrie; et toutes les correspondances de l'armée, qui furent publiées à cette époque expriment ce vœu de la manière la plus franche et la plus énergique. Buonaparte lui-même, première cause de tous ces maux, songeait dès-lors à abandonner ses soldats! il écrivit du Caire à son frère Joseph, le 7 thermidor (juillet 1798), *Qu'il retournerait en France dans deux mois*; et il le pria *de lui acheter en Bourgogne une terre où il pût passer l'hiver.*

En attendant la catastrophe qu'ainsi il prévoyait déjà, mais qu'il se serait bien gardé d'annoncer, ce général législateur donnait des lois à l'Égypte comme s'il eût dû toujours en conserver l'empire.

On sait qu'il fallait alors que tous les peuples imitassent la *grande Nation*; et quels que fussent leurs mœurs, leur religion et leur caractère, Buonaparte en fit d'abord des républicains, se réservant de les soumettre plus ouvertement à sa puissance quand le temps en serait venu. Il créa donc dans toute l'Egypte, sous le nom de *divans*, des espèces de municipalités.

Voici comment écrivait alors sur cette singulière institution le général Boyer que j'ai déjà cité : « J'ai vu hier recevoir le divan que compose
» le général Buonaparte. J'ai vu neuf automates
» habillés à la turque, de superbes turbans, des
» barbes et des costumes qui me rappellent les
» douze apôtres *que mon père tenait cachés*
» *dans son armoire.* Quant à l'esprit, aux con-
» naissances et aux talents, ce chapitre est tou-
» jours en blanc chez les Turcs. » C'était de ces
hommes-là que Buonaparte prétendait faire des
philosophes républicains, et c'était sur un pareil peuple qu'il voulait essayer une nouvelle

application des brillantes théories du dix-huitième siècle!

D'autres objets vinrent le distraire de ces *grandes pensées*, ainsi qu'il les appelait lui-même. Ce fut pour un motif bien remarquable que ce *régénérateur*, ce *bienfaiteur* des peuples interrompit alors ses philantrópiques opérations. Il apprend que la riche *caravane* de la Mecke (1) est attendue sur les frontières de Syrie, où l'armée d'Ibrahim se préparait à l'escorter. Cette armée n'était pas nombreuse, et la capture était bien riche et bien séduisante!

Il part aussitôt avec trois divisions, annonçant que c'est Ibrahim bey qu'il va combattre. Cependant ce chef des Mamluks n'avait fait aucune démonstration hostile; il ne pouvait alors donner aucune inquiétude; et l'armée française avait d'ailleurs besoin de se remettre de ses fatigues. Ce n'était donc pas là le véritable but du mouvement que fit Buonaparte, et avant même que ce mouvement fût commencé, personne n'ignorait, dans son état-major, que l'enlèvement de la *caravane* en était le principal objet. Voici comment le colonel Lasalle, qui était alors en très grand crédit auprès du général en chef, écrivit à sa mère: « Nous allons au-

(1) C'était le retour du grand pélerinage, auquel Buonaparte a donné, improprement, le nom de *Caravane.*

» devant de la *caravane* de la Mecke *pour l'en-*
» *lever aux Mamluks* ; je promets à celui qui
» aura soin de vous un schall des Indes, *si nous*
» *la prenons.* »

Mais la capture ne fut pas aussi complète
qu'on se l'était promis ; les Arabes Bédouens en
enlevèrent une partie, et il fallut que l'armée
française disputât sa proie aux voleurs du désert. La moitié seulement de cette riche proie
tomba dans les mains de Buonaparte ; et qu'on
juge de l'importance et de la richesse de toutes
les marchandises qui s'y trouvaient, puisque
cent chameaux suffirent à peine pour apporter
au Caire celles qui avaient été saisies.

Afin de cacher un tel brigandage, Buonaparte
fit poursuivre les Arabes qui avaient concouru au
pillage ; il leur reprit quelques ballots qu'ils
avaient cachés, et soit qu'il ne leur pardonnât
pas de l'avoir prévenu, soit qu'il voulût écarter
tout soupçon à son égard, il fit rendre aux pèle-
rins la centième partie de ce qui leur avait
été enlevé, envoya à la mort ceux qui l'avaient
aidé à les détrousser, et il écrivit au Directoire
qu'il en avait *fait justice.*

Toutes ces circonstances paraissent incroyables.
Cependant elles sont de la plus rigoureuse exac-
titude ; plusieurs témoins les ont attestées, et
j'en trouve la preuve dans les rapports officiels.

Buonaparte écrivait au Directoire le 2 fructidor (août 1798), en parlant d'Ibrahim bey. « Nous » vîmes défiler *ses immenses bagages.* Un parti » d'Arabe de cinquante hommes nous proposa » de charger avec nous *pour partager le butin...* » Nous enlevâmes une cinquantaine de chameaux » chargés de tentes et de *différents effets.* » Buonaparte n'en dit pas davantage; mais quoique cette explication soit assez claire, je citerai le témoignage de M. Miot, alors commissaire des guerres dans cette armée, et qui a publié depuis long-temps une partie de ce qu'il y a vu. « Une tribu d'Arabes, dit cet administrateur, » *demanda à piller avec nous..... Buonaparte* » *accepta la proposition.* »

Cet acte d'un brigandage si manifeste ne peut donc être mis en doute; il jeta la consternation dans l'Orient, et toutes les relations de commerce y furent interrompues. Les personnes les moins versées dans les affaires de ces contrées sentiront combien il eût été plus adroit de la part du général français de protéger réellement cette caravane d'une manière efficace ; mais il n'avait rien prévu de tout cela, et il suivit son premier mouvement, qui fut toujours de ravir par la violence ce qu'il ne put obtenir par la ruse. Lorsqu'il vit les effets de cette violence, il sentit un peu tard qu'un pareil début répondait mal aux

vues de prospérité et de commerce qu'il avait
annoncées, et il s'apperçut qu'une semblable
conduite pourrait nuire à ses projets d'ambition. Voulant prévenir de tels résultats, il
écrivit au schériff de la Mecke avec son hypo-
crisie ordinaire « : La route du Caire à Suez
» est ouverte et sûre; assurez les marchands de
» vos contrées qu'ils peuvent y envoyer leurs
» marchandises et les vendre sans crainte de
» trouble et de violence. » Ces mensonges ne
firent point de dupes, et le commerce continua
à être dans la stagnation la plus absolue pendant tout le temps que les Français restèrent
en Egypte.

C'était donc avec un extrême regret que Buonaparte avait vu défiler le convoi où se trouvaient,
selon ses expressions, *les plus riches marchandises de la caravane*, et le chagrin qu'il
ressentit de ne pouvoir saisir sa proie toute entière coûta bien cher à sa cavalerie. Ne désespérant pas de compléter une aussi importante
capture, il voulut que sa faible troupe, composée à peine de six cents hommes, nouvel-
lement montés, fît un grand effort, et il ne craignit pas de la compromettre devant les Mamluks
dans une vaste plaine, avant qu'un seul bataillon fût à portée de la soutenir.

Lorsqu'il la vit attaquée, et qu'elle fut près-d'être taillée en pièces, il se tint éloigné du combat et ne songea plus qu'à conserver la partie du butin qu'il avait enlevée.

Cet imprudent combat de Saléhieh produisit un effet d'autant plus fâcheux que c'était le premier échec que les Français eussent éprouvé en Egypte. Ce n'était qu'avec beaucoup de peine que l'on venait de former deux ou trois escadrons, et ces escadrons furent écrasés par les impétueux Mamluks. Ainsi l'armée se trouva encore une fois sans cavalerie. Le général en chef écrivit néanmoins au gouvernement qu'il avait remporté une victoire; il n'osa pas parler (au moins ostensiblement) de l'enlèvement des *riches marchandises;* mais cette fois il fut assez franc à l'égard de ses ennemis, et l'on remarque la phrase suivante dans son rapport: « Les Mamluks sont extrêmement braves, et » formeraient un excellent corps de cavalerie » légère. »

Ce fut au retour de cette expédition, ainsi mêlée de revers et de bonne fortune, que Buonaparte apprit la défaite de sa flotte dans la rade d'Aboukir. On se rappelle avec quelle précipitation cette flotte avait mis à terre les troupes de débarquement. Il en avait été de même de l'artillerie et des munitions de guerre. L'amiral fit ensuite des efforts inutiles pour pénétrer dans le port d'Alexandrie avec son escadre. Les frégates et les bâtiments de transport purent seuls y entrer. Il eût fallu pour les vaisseaux de ligne que l'on mît leur artillerie à terre ; mais ils pouvaient à chaque instant être attaqués. Cependant Buonaparte avait ordonné que ce passage fût essayé dans tous les sens. Pardessus tout, il voulait conserver l'escadre à sa disposition; et dans cette vue il alla jusqu'à offrir dix mille francs au pilote qui l'eût mise en sûreté. Quinze jours après son départ d'Alexandrie, il envoya en secret dans cette ville deux officiers, chargés d'examiner la passe du port, afin de savoir si l'amiral avait réellement fait tout ce qu'il lui avait ordonné pour la reconnaître. Le rapport de ces officiers fut en tous points conforme à celui de Brueys. Cependant, malgré l'uniformité de ces témoignages, l'amiral ne reçut point ordre de s'éloigner d'un rivage où il était si bien démontré que son escadre ne pouvait plus rester en sûreté. Ces circonstances indiquent assez clairement, sans doute, que cet ordre ne lui fut jamais donné, ainsi que Buonaparte l'a déclaré dans ses rapports officiels, lorsqu'il a voulu se justifier du plus grand désastre qu'ait jamais éprouvé notre marine.

Obligé, malgré ses représentations réitérées,

de rester attaché à un aussi dangereux rivage, l'amiral Brueys ne négligea rien pour s'y mettre en sûreté autant que cela était possible. Après des recherches multipliées, l'abri le plus sûr qu'il put trouver fut la mauvaise rade d'Aboukir, où il resta pendant un mois, et où il fut attaqué le premier août 1798, par quatorze vaisseaux de ligne et un brick anglais sous les ordres de l'amiral Nelson.

Depuis deux mois cet amiral parcourait la Méditerranée pour rencontrer ses ennemis. Pendant plusieurs jours il avait marché à la même hauteur que leur flotte, vingt fois il l'avait croisée, dépassée; et toujours par des circonstances incroyables, par un de ces hasards auxquels Buonaparte a dû tant de fois son salut, l'escadre avait échappé à la vigilance anglaise, dans une situation où elle eût été infailliblement détruite, elle, les transports et toute l'armée de terre.

On sent à quel degré d'irritation avaient dû être portés, dans ces inutiles recherches, le courage et l'ardeur de Nelson. La position dans laquelle il rencontrait ses ennemis, n'était pas aussi favorable qu'il aurait pu l'espérer; déjà, par le débarquement de l'armée de terre, et par l'éloignement des bâtiments de transport, la plus grande partie des avantages qu'il s'était promis venait de lui échapper. Toutes ces circonstances ne firent qu'ajouter à son impatience de combattre. Il attaqua ses ennemis avec la plus extrême vivacité, peut-être même qu'il y mit de l'imprudence. La tête de sa ligne ayant eu ordre de se placer entre la terre et l'escadre française, le vaisseau qui commença cette manœuvre s'échoua. On crut que les autres allaient recevoir un signal de retraite ; ils reçurent ordre de tenter le même passage, et ils y réussirent malgré le feu de la gauche des Français et malgré les batteries d'un îlot qui avait été fortifié.

Dès qu'une partie des vaisseaux anglais se fut ainsi placée derrière l'aile gauche de notre escadre, cette aile gauche se trouva entre deux lignes ennemies, et la droite fut mise dans l'impossibilité de prendre part au combat, par la position intermédiaire d'un vaisseau anglais.

On se canonna dans cette situation pendant vingt-quatre heures, de la manière la plus terrible ; et le lendemain le combat continua avec un nouvel acharnement. Les vaisseaux se trouvèrent long-temps à portée de pistolet ; ils furent même souvent assez rapprochés pour que les canonniers pussent d'un bord à l'autre se frapper de leurs refouloirs. Tout ce qui existe de moyens de destruction fut mis en usage. C'est alors que l'amiral Brueys, qui, déjà blessé deux fois, n'avait pas cessé de commander, fut coupé en deux par un boulet. Un instant après le feu prit à son vaisseau amiral, portant cent dix canons, et cet immense bâtiment, ce colosse de la marine française, appelé *l'Orient*, sauta en l'air avec un fracas épouvantable. Les deux escadres furent ensevelies sous une pluie de feu, et il se fit pendant quelques minutes un profond silence. Mais le combat recommença bientôt après avec une nouvelle fureur. Les vaisseaux de la gauche des Français, restant toujours placés entre deux feux, sans que la droite pût les secourir, furent obligés de se rendre ou de périr en se défendant glorieusement. Tous les chefs, tous les états-majors furent tués ou blessés.

Le troisième jour les moyens semblaient épuisés de part et d'autre ; cependant ceux qui avaient survécu, ceux dont les vaisseaux existaient encore, trouvèrent de nouvelles forces pour combattre. Ce fut ce jour-là que le vaisseau le *Timoléon* périt par les flammes. Le reste de l'escadre, démâté, rasé et dénué d'équipages, tomba au pouvoir des Anglais, à l'exception de deux vaisseaux qui se retirèrent à Malte sous les ordres de l'amiral Villeneuve.

Six mille Français périrent dans cette bataille ; deux mille prisonniers furent mis à terre le lendemain sur la côte d'Égypte, à condition de ne plus servir contre les Anglais. On sent que pendant trois jours que dura une aussi terrible lutte, ces derniers durent aussi faire de grandes pertes. Ils ont porté à neuf cents le nombre de leurs morts, et ce nombre est loin d'être exagéré. Plusieurs de leurs vaisseaux furent endommagés au point que l'amiral se vit obligé de les renvoyer en Angleterre pour qu'ils y fussent réparés.

Après sa victoire Nelson fit bloquer le port d'Alexandrie par un faible détachement; et partant avec le reste de son escadre, il alla jouir de sa gloire à la cour de Naples, où il fut reçu comme un libérateur.

Cette victoire devait en effet bientôt changer la face de l'Europe, et elle allait délivrer l'Italie de la domination des Français. C'était l'événement le plus remarquable dans l'histoire de la marine, depuis la destruction de l'*invincible Armada* sortie des ports d'Espagne sous le règne de Philippe II; enfin c'était l'événement qui avait porté le coup le plus funeste à la marine française. Il allait avoir une grande influence sur toute la politique du continent, et son premier effet devait être de réunir encore une fois contre la nouvelle république les efforts de tous les rois de l'Europe.

La victoire d'Aboukir fut donc la première cause de cette coalition de 1799, si funeste aux armes françaises. Ainsi elle fut aussi cause des revers que ces armées éprouvèrent en Italie et en Allemagne ; elle amena donc la délivrance de ces contrées.

Il est évident que c'était à Buonaparte seul que la France devait attribuer tant de malheurs. Lui seul était cause de l'entreprise ; lui seul, par son ignorance et son obstination, avait attiré sur la flotte cette dernière catastrophe. L'ordre qu'il donna à l'amiral Brueys, de ne pas s'éloigner des côtes d'Egypte, est aujourd'hui un des points d'histoire les plus incontestables. Il croyait avoir besoin de l'escadre pour la suite de ses projets ; et dans cette persuasion il craignit qu'en la renvoyant en France, ou seulement à Malte et à Corfou, elle ne se trouvât en quelque façon rendue au Directoire, qui l'aurait empêchée de revenir. Ainsi, toute autre considération dut céder à la détermination qu'il avait prise de conserver une marine pour l'empire qu'il voulait fonder.

On se rappelle que dans la même situation Alexandre avait détruit sa flotte, parce qu'il était impossible que cette flotte luttât avec avantage contre la marine des Tyriens et des Phéniciens, beaucoup plus puissante que celle des Grecs ; mais alors la marine était d'un faible poids dans les affaires politiques, et la perte de sa flotte ne devait pas empêcher le roi de Macédoine de conquérir l'Asie. Ce ne fut donc pour lui qu'un fait de peu d'importance. Buonaparte perdit tout; ses projets furent à jamais renversés par la destruction de sa flotte.

L'amiral Brueys était un brave et habile marin; il avait fait preuve d'un grand talent, en conduisant une flotte si nombreuse, avec des équipages sans expérience, à travers la Méditerrannée et au milieu des escadres britanniques. Ne comprenant rien aux projets et à l'entêtement du général en chef, il lui fit de très vives représentations, et il insista inutilement pour qu'il lui fût permis de s'éloigner d'une côte aussi dangereuse. C'est donc une infâme lâcheté de la part de celui-ci, que d'avoir profité de la mort de ce brave homme pour rejeter sur lui le plus grand désastre qu'ait éprouvé la marine française, et pour souiller sa mémoire d'un acte d'insubordination qui eût été aussi coupable que le furent sa propre impéritie, son ignorance et son obstination, causes bien plus réelles de cet irréparable malheur.

Afin qu'il ne reste aucun doute à cet égard dans l'esprit 'du lecteur, et pour réunir sur ce fait important les témoignages officiels aux témoignages encore vivants d'une foule de militaires français et étrangers, je citerai l'extrait d'un rapport qui fut adressé au ministre de la

Marine, le 15 du même mois, par le vice-amiral Gantheaume, qui était le jour de la bataille à bord de l'*Orient*, et qui n'échappa à l'explosion qu'en se sauvant sur un canot. « Peut-être » *était-il convenable*, écrivit cet officier, de » *quitter une telle côte*, aussitôt que la descente avait eu lieu ; MAIS, ATTENDU LES ORDRES » DU GÉNÉRAL EN CHEF, la présence de notre escadre devant donner une force incalculable à » l'armée de terre, l'amiral ne crut pas devoir » abandonner ces lieux. » Gantheaume était chef d'état-major de l'escadre ; il succéda à Brueys après sa mort ; ainsi personne mieux que lui ne devait connaître les ordres qui avaient été donnés et exécutés ; c'était à lui seul qu'il appartenait d'en rendre compte OFFICIELLEMENT au ministre.

Si la défaite de la flotte française à Aboukir eut de si grands résultats sur la politique de l'Europe, elle en eut de plus grands encore et de plus immédiats sur la destinée de l'armée d'Egypte. Dès lors toutes les communications de cette armée avec la France furent interceptées ; elle n'eut plus de secours à espérer, elle fut condamnée à se voir successivement anéantir par le fer des Arabes et des Mamlucks, par les fatigues, les maladies et les privations de toute espèce ; tous les moyens de réparer ces pertes disparurent sans espoir; enfin, pour me servir des expressions de l'un des plus judicieux écrivains politiques de notre siècle, cette grande entreprise, qui devait finir par la conquête de l'Orient, par le renversement de la puissance britannique, ne fut plus, après la destruction de l'escadre qu'une expédition ridicule, une entreprise de *casse-cou*.

Pendant les trois jours qu'avait duré ce terrible combat, le canon n'avait pas cessé d'ébranler au loin toute l'atmosphère; les habitants saisis d'effroi étaient accourus sur le rivage, et ils y attendaient l'issue de la bataille avec une extrême inquiétude, faisant des vœux contre les Français, que dès-lors ils regardaient comme leurs plus grands ennemis. Dès qu'ils virent leur malheureuse destinée, ce spectacle fit renaître dans leurs cœurs la joie et l'espérance. Ils allumèrent de grands feux sur toute la côte, et pendant qu'ils s'efforçaient de faire ainsi connaître aux Anglais toute la part qu'ils prenaient à leur triomphe, ils égorgèrent sans pitié les malheureux Français qui allaient chercher un asyle sur la côte, après avoir échappé au désastre de leur flotte.

La plus grande partie des habitants de l'Egypte étaient dans les mêmes dispositions, et ces dispositions éclataient à chaque instant sur dif-

férents points ; ainsi , lorsqu'en revenant de Belbeys , Buonaparte apprit la destruction de sa
flotte , il ne pouvait plus douter qu'il ne fût entouré de peuples ennemis. Ce fut cependant
alors qu'il s'occupa avec le plus d'ardeur de *régé-
nérer* ces peuples et de les soumettre aux lois
républicaines ; ce fut dans le moment où les
moyens de force et de violence semblèrent lui
échapper pour toujours, qu'il eut recours, pour
fonder sa puissance , aux moyens de persuasion,
et aux prédications de la *Propagande.* C'était
dans cette vue qu'il avait apporté de France
un atelier d'imprimerie , et qu'il s'était préparé à publier en hébreu , en arabe et dans
toutes les langues de l'Orient, tout ce qui pourrait contribuer à l'exécution de ses projets. Ce
fut par ses ordres , que des catéchismes et des
exhortations républicaines, dans tous les genres,
furent répandus sur tous les points de l'Egypte.

J'ai dit comment il avait composé des *divans,*
pour tenir lieu de *districts* et de *municipalités.*
Il voulut ensuite que le spectacle des arts et de
l'industrie européenne , en donnant une grande
idée des Français aux habitants de l'Égypte ,
leur inspirât une vénération qui eût fortement
contribué à les persuader. En conséquence, il
établit au Caire un institut, un grand laboratoire
de chimie et un immense atelier, où il faisait

fabriquer en même temps, par ses ouvriers et ses savants en tous genres, des armes, de la poudre, des étoffes, des mémoires, des journaux et des lois. Mais les stupides musulmans restèrent témoins impassibles de tous ces travaux ; et je lis dans l'une des relations de cette expédition, que l'on en vit plusieurs sur la place du Caire, tandis que l'ingénieux Conté lançait un ballon dans les airs, traverser cette place sans s'arrêter et sans daigner seulement jeter un regard sur un spectacle qui devait être pour eux si extraordinaire.

Les expériences mécaniques, et celles des arts plus usuels et d'une nécessité plus indispensable, excitèrent cependant quelquefois de leur part un peu plus d'attention ; et il eût été possible qu'au bout de quelques années, et par des ménagements et des égards plus réels envers leurs personnes et leurs biens, on fût parvenu à leur persuader que nos mœurs, nos lois et notre industrie valent mieux que les leurs. Mais, pour arriver à ce but difficile, il fallait beaucoup plus de temps que Buonaparte ne s'était proposé d'en donner à un tel objet ; il fallait aussi plus de loyauté et de grandeur qu'il n'en eut jamais. Enfin, pour fonder en Égypte une colonie durable, Buonaparte aurait eu besoin d'autres éléments que ceux qui se trouvaient auprès de lui; car si l'on en excepte son imprimerie, sa troupe de savants et ses moyens militaires, il n'avait pas de quoi former les premières bases d'un grand établissement. « Je me » suis aperçu, écrivit alors le général Boyer, » que ce n'est pas avec des soldats que l'on fonde » des colonies. » Cette réflexion pleine de sens montre bien l'ignorance et la légèreté qui avaient présidé à toute cette conception, ou plutôt elle en indique les moyens et le véritable but.

Dès le commencement de l'expédition, les savants furent livrés à la risée des soldats, et il faut avouer qu'un petit nombre d'entre eux seulement méritait ce nom respectable. Quelques-uns de ceux-là parcoururent l'Égypte et la Syrie pour y recueillir des renseignements sur la géographie, sur les antiquités et sur l'histoire naturelle. Ils essuyèrent de grandes fatigues, et ils bravèrent de nombreux dangers pour remplir leur mission. Les précieux renseignements qu'ils recueillirent ont été apportés en France avec beaucoup de soin, et ils sont déposés dans un immense et utile ouvrage qui doit être à jamais consulté par ceux qui voudront connaître cette contrée. On ne peut donc nier que cette partie de l'expédition, quoiqu'elle ait été fort exagérée sous le rapport de l'utilité publique, ne mérite réellement des

éloges. Il en reste au moins des résultats positifs ; mais , de bonne foi , ces résultats sont-ils
assez précieux pour dédommager la France de
tout ce qu'ils lui ont coûté ? de bonne foi, de-
vait-elle sacrifier sa marine et cinquante mille
hommes pour l'instruction de quelques géogra-
phes et de quelques antiquaires , pour obtenir
quelques dessins, quelques caisses de minéraux
et de médailles ?

Buonaparte fit lui-même une course vers la
mer Rouge, afin de découvrir les traces d'un ancien canal ; mais il paraît qu'il ne fit alors quelque bruit de cette découverte, que pour faire
voir que le but ostensible de son expédition
n'était pas tout-à-fait une chimère.

Au reste , ce genre de charlatanisme n'était
pas le côté le plus ridicule des opérations du gé-
néral-législateur ; rien ne peut être comparé, sous
ce rapport, aux efforts qu'il ne cessa de faire, afin
de persuader à ces barbares qu'il avait pour leur
prophête autant de vénération qu'eux-mêmes.
« Faites connaître au peuple, dit-il dans une
» proclamation aux schérifs et aux ulémahs, que
» depuis que le monde est monde , il était écrit
» qu'*après avoir détruit les ennemis de l'Isla-*
» *misme*, FAIT ABATTRE LES CROIX , je viendrais
» du fond de l'Occident remplir la tâche qui
» m'a été imposée. Faites voir au peuple que

» dans plus de vingt passages du *saint livre* du
» Coran, tout ce qui arrive a été prévu. » Une
autre fois il accusa la croyance des Russes sur
la divinité; « parce que, *suivant leurs men-*
» *songes, ils croyent qu'il y en a trois.* » Enfin un autre jour il alla plus loin, il prétendît
qu'il était Dieu lui-même. « *Je sais tout*, dit-
» il aux *Musulmans*, même ce que vous n'avez
» dit a personne. »

Il fit célébrer avec beaucoup de pompe une
fête du Nil, sur le même plan que l'on fêtait à
Paris la Liberté, la Raison, et d'autres déités
imaginaires, auxquelles il ne croyait sans doute
pas plus qu'à l'Alcoran et à l'Évangile. On peut
juger de l'indifférence avec laquelle un pareil
spectacle fut considéré par ce peuple de Juifs,
de Musulmans stupides et insensibles, même à
ce qui tient aux premiers besoins de leur existence.

Un autre jour Buonaparte assista publiquement à la principale fête des Musulmans, dans
le costume oriental, et il s'y déclara hautement
l'*envoyé de Dieu*, l'égal de Mahomet.

Si je n'étais pas honteux de tant de rapproche-
ments entre un tel homme et le grand Alexandre,
je rappellerais au lecteur que le vainqueur des
Perses s'efforça aussi d'adopter leur costume,
leurs mœurs et même leur religion; mais ce qui

prouve qu'en cela Alexandre ne fit qu'obéir à ce qui lui était commandé par sa situation , c'est que les peuples qu'il avait vaincus lui surent beaucoup de gré de ces égards, et qu'ils se soumirent à son empire avec plus de facilité. Une partie de son armée seulement s'en plaignit avec quelque amertume. Buonaparte ne connaissait pas les peuples de l'Egypte ; et ce fut tout simplement avec des théories et des exemples pris dans l'histoire ancienne , qu'il prétendit soumettre à ses lois des hommes si loin de l'antiquité. Ces barbares furent les témoins impassibles de ses pasquinades ; et ce qu'il avait regardé comme des conceptions dignes de Numa et d'Alexandre, ne fut pour eux qu'un spectacle d'un nouveau genre. Son armée n'y mit pas plus d'importance ; la plus grande partie des soldats connaissaient fort bien leur chef ; ils prirent en pitié sa folie ; et ce qui avait autrefois excité l'indignation des Macédoniens , ne fut pour les Français qu'une comédie burlesque.

La scène la plus ridicule qu'il joua dans ce genre , est sans contredit sa séance dans l'intérieur de la grande pyramide. Là , entouré de muphtis et d'imans, assis sur la terre, et dans le même costume que ces prêtres de l'Islamisme, il prit l'attitude d'un *vrai croyant*, et après s'être écrié trois fois: *Allah! Allah!* après s'être

dit *le meilleur ami du prophéte*, il débita gra-
vement une comédie qu'il avait apprise la veille
de l'un des muphtis. Ensuite, ne perdant pas de
vue sa marotte et sa plus chère comme sa plus
ridicule prétention, il se fit dire, par un autre
muphti, qu'il était le digne successeur d'Alexandre. Celui qui joua le rôle de compère dans cette
grossière arlequinade lui parla comme à une
divinité. Buonaparte se dit lui-même l'Envoyé
de Dieu *pour la résurrection politique de
tous les peuples gémissant sous l'oppression.*
Oubliant ensuite sa leçon, il y substitua des
maximes de matérialisme, et il termina la
séance par un proverbe oriental dont les audi-
teurs eussent fort bien fait de l'inviter à faire
son profit. « Le pain qui est dérobé par la vio-
» lence, leur dit-il, remplit de gravier la bouche
» du voleur. »

La postérité ne croira pas que ces miséra-
rables jongleries, si dignes des tréteaux du bou-
levard, aient reçu alors des éloges officiels; mais
elle pourra lire ces éloges dans les journaux du
gouvernement de ce temps-là. Alors, si les lecteurs n'ont pas oublié que le même homme a
tenu ensuite un langage à peu près pareil aux
ministres de la religion chrétienne; s'ils se rappellent qu'un peu plus tard cet homme s'est mis
aux genoux du Pape, et s'ils pensent aux outra-

ges dont bientôt après il a si indignement accablé ce vieillard , ils auront alors la mesure du mépris que Buonaparte eut dans tous les temps et
dans tous les pays , pour tous le peuples , pour
toutes les croyances et pour toutes les institutions.

On s'afflige en pensant que dans le dix-huitième siècle , des hommes ont pu être regar-
dés comme assez stupides et assez méprisables
pour qu'on leur ait tendu des piéges aussi gros-
siers, et l'on doit être encore plus affligé quand
on pense à l'origine de ces peuples , quand
on sait que c'est dans ces mêmes lieux que les
sages et les législateurs de la Grèce vinrent
autrefois puiser des leçons, que c'est dans ces
mêmes contrées que gouvernèrent avec tant de
sagesse et avec tant d'éclat les Sésostris, les
Pharaons et les Ptolémées.

Le charlatanisme politique de Buonaparte ne
le cédait en rien à son charlatanisme religieux.
Cependant ses professions de foi sur Mahomet
et sur l'Alcoran , ne pouvaient guère s'allier aux
maximes de ce temps-là sur la liberté et l'égalité; mais par une de ces contradictions si fréquentes dans sa conduite, et dont il ne s'aperçut pas plus, sans doute, que les peuples qui
l'écoutaient avec tant d'indifférence , dans les
mêmes proclamations où il se disait le disciple

et l'envoyé de Mahomet, il vantait à ces peuples les avantages de l'égalité et ceux du gouvernement républicain.

On ne lira pas non plus, sans étonnement, que dans un banquet où il avait rassemblé tout ce qu'il avait pu trouver au caire de Rabbins, de Muphtis et d'Imans, il but, en octobre 1798, c'est-à-dire un an avant qu'il ne fit la révolution de St.-Cloud, à l'*an trois cents de la république française.*

Nous avons vu qu'il avait créé dans toutes les parties de l'Egypte, des espèces de municipalités, sous le nom de *Divans nationaux ;* il convoqua ensuite dans la capitale, sous le nom de *Divan général,* une assemblée nationale. Ce *Divan* fut composé de députés des quatorze provinces de l'Egypte, choisis par les généraux français, parmi les grecs, les chrétiens, les juifs et surtout, d'après les ordres du général, *parmi ceux qui s'étaient montrés les amis des Français.*

Ce mode d'élection n'était pas tout-à-fait, selon les *droits de l'homme* ; mais il se rapprochait beaucoup de ce qui s'était pratiqué dans le sein de la république-mère depuis la journée du 18 fructidor (sept. 1797) où Buonaparte avait commencé à s'y mêler de la législation.

Les musulmans et les juifs de l'Egypte n'a-

vaient d'ailleurs aucun droit de se plaindre d'une pareille méthode ; ils ne songeaient guère à invoquer la liberté, l'égalité, et c'était assurément la moindre de leurs inquiétudes, si d'ailleurs on les eût laissés maîtres de leurs actions et de leurs biens. « C'était, a dit le général Dumas, une ex-
» périence bien singulière, et peut-être unique
» dans les annales des sociétés humaines, que cette
» subite application des formes les plus complexes
« de la législation moderne des peuples de l'Oc-
» cident, ou plutôt de leurs essais encore im-
» parfaits d'équilibre et d'économie politique, à
» cette population, mêlée de tous les débris des
» nations de l'Orient, et tombée dans la plus
» profonde ignorance. » Je ne crois pas, comme M. Dumas, que les formes de gouvernement et de législation appliquées par Buonaparte aux peuples de l'Egypte, fussent très *complexes* ; ce n'était évidemment qu'une mauvaise copie des essais qui se succédaient alors en France à peu près tous les six mois ; mais je n'en estime pas moins le jugement et les opinions de ce militaire distingué, et je trouve que c'est beaucoup de la part d'un général, employé par Buonaparte, que d'avoir osé tenir un pareil langage dans un livre publié au temps de sa puissance.

Un arabe fut nommé président de ce nouveau congrès. Les savants Monge et Bertholet y paru-

6..

rent en qualité de commissaires du général en chef, et ils proposèrent, pour lois et pour constitutions, des ordonnances militaires (1).

Le fond de ces ordonnances et leur sens comme leur but réel étaient que les personnes. et les biens fussent à l'entière disposition du général législateur. Les Egyptiens comprirent fort bien cela, et malgré tous les grands mots de république, de liberté et d'égalité, dont toutes ces institutions étaient accompagnées, ils ne se méprirent pas un instant sur leur véritable sens. Les députés au *Divan* restèrent constamment muets; et quels que fussent les efforts des commissaires, on ne put leur arracher ni un mot, ni un signe d'approbation.

La populace du Caire ne fut pas plus que les députés du *Divan*, dupe des comédies du général; et elle continua à murmurer ouvertement contre un homme qui, après s'être annoncé comme son libérateur, n'avait pas cessé de l'opprimer et de la dépouiller; elle s'indignait aussi contre les soldats français qui, sans

_____

(1) Lorsque Buonaparte avait *organisé* la république *transpadane* et *cispadane* dans l'Italie qu'il venait de conquérir, le parti républicain en France s'était plaint hautement qu'il ne donnait pour lois à ces peuples que des *ordonnances militaires.*

égards pour les mœurs et les usages des Musulmans, exigeaient que toutes les femmes se mon-
trassent à découvert, et les arrêtaient même dans
les rues pour arracher leurs voiles. Les plaintes
devinrent si publiques et si universelles que
Buonaparte en conçut quelques inquiétudes. Ces
inquiétudes étaient d'autant plus fondées que,
d'après les avis qu'il recevait d'Alexandrie et de
Constantinople, il avait beaucoup de raisons de
croire qu'il allait être attaqué par des forces
plus puissantes et plus dangereuses que cette
misérable et timide populace.

Ne voulant pas avoir à craindre tant d'ennemis
à la fois, il résolut de réduire à l'impossibilité
de l'attaquer ceux qu'il avait alors sous sa puissance. Tels furent évidemment les causes et
les motifs de l'insurrection, et de l'affreux massacre du Caire.

C'est donc en ce temps-là qu'une insurrection
fut préparée et excitée dans cette ville, à peu près
de la même manière et dans les mêmes intentions
que celle de Pavie et de Milan en 1796. Comment
croire en effet que les habitants du Caire,
quelque stupides et maladroits qu'on puisse les
supposer, eussent précisément choisi pour se
révolter le moment où Buonaparte était dans
leurs murs avec tout son état-major, au milieu
d'une nombreuse garnison; le moment où

leur oppresseur pouvait disposer de toute son armée, le seul moment enfin où cette armée se soit trouvée réunie?

Quelque assuré que Buonaparte fût dès la veille, de tout ce qui devait être fait, et quelle que fût la sécurité qu'il dût en concevoir pour sa personne, il eut peur que la chose ne fût pas bien exactement conduite, ou qu'elle n'allât plus loin qu'il ne l'avait ordonné. Il se sauva donc, avant le signal convenu, par une brêche pratiquée, pour cette évasion, dans un mur du jardin de la maison qu'il habitait. Il se rendit ainsi, d'abord à Boulak, puis dans l'île de Rhoda avec ses amis les plus dévoués, et il n'en revint que le lendemain, lorsque tous les dangers furent passés, lorsqu'il ne s'agit plus que de punir, ou pour me servir de son expression favorite, lorsqu'il n'eut plus qu'à *lancer la foudre*.

Cette insurrection éclata d'une manière tout-à-fait subite. Comme à Pavie, on fit grand bruit à la campagne du soulèvement des habitants de la ville, et à la ville on fit grand bruit du soulèvement des habitants de la campagne. Le fait est qu'il n'y eut pas d'autre soulèvement que celui des malheureux, qui cherchèrent à se sauver quand ils furent menacés, et qui, ne pouvant opposer au feu de l'artillerie et de la mousqueterie que des pierres, des bâtons et des piques, se réfugièrent dans des maisons et dans des mosquées où la peur les assembla à la hâte, et où ils restèrent groupés comme des moutons, pendant trois jours qu'on ne cessa de les massacrer par les boulets, la mitraille et les baïonnettes. « Le troisième jour, dit un témoin » oculaire (M. Miot) la citadelle et les batteries » tiraient sur la grande mosquée où les *insurgés*, » à moitié détruits et dispersés, s'étaient refu- » giés. » Les calculs les plus modérés font monter à cinq mille le nombre des victimes. Selon le rapport officiel les Français ne perdirent que seize hommes. Le général Dupuis, qui fut tué dans les rues d'un coup de pique, était un homme dur et fort vain, qui s'était fait détester par les habitants, que Buonaparte n'aimait pas lui-même, et que sans doute il n'avait pas mis dans sa confidence.

Ainsi fut traité, deux mois après le débarquement de l'armée française, un peuple que cette armée était venue *délivrer de l'oppression*, un peuple auquel elle devait apporter *la lumière et le bonheur*, mais que déjà le général en chef appelait dans une de ses lettres *la plus vilaine populace du monde.* « Cette révolte, dit l'au- » teur d'un écrit apologétique de ce temps-là, » acheva d'affermir le pouvoir de Buonaparte; » les Musulmans sentirent *tout le poids* des ar-

» mées Françaises, et ils se montrèrent soumis
» et dociles. »

Afin de faire encore mieux sentir aux Egyptiens le *poids* de sa puissance, Buonaparte leur
imposa aussitôt après ce terrible événement une
contribution extraordinaire ; il entoura la ville
de nouveaux retranchements, et il en fit
une espèce de citadelle. Ainsi, tous les résultats de ce soulèvement, si maladroit et si ridicule de la part des Egyptiens, s'il pouvait leur
être attribué, tournèrent à l'avantage des Français.

Quelques écrivains ont comparé ce malheureux peuple aux habitants du Mexique, que les
Espagnols traitèrent autrefois à peu près de la
même manière. On peut en effet remarquer une
grande ressemblance dans les caractères et dans
les situations de ces deux époques. La même
violence et la même injustice dirigèrent les agres-
seurs ; l'ignorance et la faiblesse des victimes furent aussi les mêmes ; mais si l'on considère le
but, les moyens et les résultats des deux expéditions, on trouvera que la différence est immense.

Avec une troupe de sept cents hommes au
plus, sans frais, et sans aucun préparatif de la
part de son gouvernement, le héros du Mexique
renversa un puissant empire. Avant que son sou-

verain lui eût envoyé le moindre secours, il conquit en son nom une vaste et riche contrée; et pendant trois siècles cette contrée a fait la prospérité de l'Espagne.

Buonaparte, après avoir fait entreprendre à son gouvernement une expédition ruineuse et insensée, après avoir causé la perte de notre marine et la mort de 50,000 Français, est revenu seul dans sa patrie; il a abandonné à leur triste destinée le petit nombre des siens qui avait pu survivre à tant de calamités.

De même que Cortez avait fait expirer dans les supplices le malheureux Guatimozin, Buonaparte a ordonné la mort du Cheik d'Alexandrie; mais ce qui change tous les rapports, et ce qui éloigne toutes les idées de rapprochement, c'est que Cortez, qui avait rendu à sa patrie de si importants services, mourut dans le mépris et l'humiliation, et que Buonaparte, après avoir causé tant de malheurs, après s'être déshonoré en abandonnant son poste, ne revint dans sa patrie en fugitif, que pour s'asseoir effrontément sur le premier trône du monde.

La cruauté de Buonaparte ne s'exerçait pas seulement sur les habitants de l'Egypte; elle s'étendit souvent jusqu'à ses propres soldats; et ceux-là même qui avaient tout sacrifié pour le suivre, ceux qui avaient tant fait pour sa gloire et pour son ambition, ne furent pas toujours à l'abri de ses caprices et de ses fureurs.

Tous les militaires qui ont servi dans cette armée, se rappelleront comment périrent trois soldats de la trente-deuxième demi-brigade, de cette légion si redoutable, et qui avait rendu de si grands services à la patrie dans les campagnes d'Italie. Ces braves gens avaient été légèrement accusés d'un crime auprès du général en chef. Il les fait venir en sa présence, les menace, les intimide. Ces malheureux n'osent lui répondre ; leur silence est regardé comme un aveu, et à l'instant même, sans se donner seulement la peine de convoquer une commission militaire, le général prononce, dans un ordre du jour, que trois soldats des plus braves de l'armée seront fusillés le lendemain. Cet ordre est à peine envoyé à l'état-major que le terrible juge ne veut pas que l'exécution en soit différée d'un seul instant ; il ordonne que les trois infortunés meurent le même jour. Leur innocence fut reconnue, et peu de temps après on découvrit les véritables auteurs du crime !... Le lendemain de cet inique jugement, celui qui l'avait prononcé, dit dans son intimité : « Comment un » général qui peut faire mourir cent mille hom- » mes dans une bataille, n'aurait-il pas le droit de » condamner à la mort un seul de ses soldats ? »

Buonaparte sortait d'une assemblée de Muphtis et d'Imans, lorsqu'il prononça cette odieuse sentence; il se rendit aussitôt après à son institut pour y entendre des leçons de philosophie et pour y applaudir à des rapports philantropiques.

« C'est ainsi, a dit alors un de nos meilleurs
» écrivains politiques, qu'à la fois Numa et Alexan-
» dre, conquérant et législateur, égorgeant le
» matin six mille Musulmans dans une mosquée
» et dictant le soir des leçons de physique à
» l'institut, catéchisant des muphtis, interro-
» geant des pélerins, et passant sa vie en paro-
» dies politiques, religieuses et académiques;
» s'agenouillant devant Mahomet comme il s'a-
» genouillait devant le pape en Italie, et devant
» l'athéisme à Paris, sans autre trouble que celui
» d'éventrer de temps à autre quelques milliers
» d'Arabes pour diversifier la scène........ »

TABLEAU

HISTORIQUE ET RAISONNÉ

DES GUERRES

DE NAPOLÉON BUONAPARTE.

LIVRE IV.

Départ pour la Syrie. — Prise de Jaffa. — Massacre des prisonniers. — Siége de St.-Jean d'Acre. — Empoisonnement des soldats français. — Retour en Egypte. — Bataille d'Aboukir. — Fuite de Buonaparte.

Il s'était écoulé six mois depuis la destruction de la flotte, et depuis l'expédition de Belbeys. Cet intervalle avait été employé par Buonaparte à établir sa puissance, en usant tour-à-tour des moyens de violence et de persuasion. Comme Mahomet, c'était le sabre à la main qu'il faisait ses prédications, et comme Mahomet il ne manqua jamais d'égorger ceux qui ne voulurent pas se laisser convaincre.

Comptant peu sur l'effet de ses discours et

de ses proclamations, il avait travaillé sans relâche à réparer les pertes de son armée et à établir des fortifications sur tous les points d'attaque. Déjà le Caire se trouvait environné de nombreux retranchements; et quelle que soit l'étendue de cette capitale elle était à l'abri d'une surprise de la part des Arabes et des Mamlucks. D'autres fortifications avaient été établies sur les frontières de la Syrie et sur les bords de la mer. Qelques escadrons se trouvaient à la fin montés, et l'armée française n'était pas entièrement dépourvue de cavalerie. Une légion de dromadaires faisait aussi sous quelques rapports le service de cette arme, en même temps qu'elle faisait celui de l'infanterie. Enfin l'armée s'était remise de ses fatigues, et elle pouvait de nouveau entrer en campagne.

Si cette armée se trouvait à même de former de nouvelles entreprises, elle pouvait à plus forte raison se maintenir encore long-temps dans le pays qu'elle avait conquis; elle le pouvait d'autant plus que ses ennemis étaient encore loin de pouvoir l'attaquer d'une manière sérieuse. Après la bataille d'Aboukir les Anglais s'étaient contentés de laisser devant les bouches du Nil une faible croisière, et cette croisière se bornait à intercepter les dépêches des Français.

Les Mamlucks, sous les ordres de Mourad et d'Ibrahim bey, avaient tenu en échec deux divisions, mais ils n'avaient osé faire aucune entreprise remarquable.

La Porte ottomane, dont on annonçait depuis long-temps en Europe les armements extraordinaires, n'avait pas encore fait paraître sur les côtes d'Egypte un seul bâtiment de guerre ; elle n'avait pas non plus envoyé un seul bataillon en Syrie, et elle se reposait, pour la défense de cette contrée, sur la valeur de Djezar Pacha, que peu de jours auparavant elle avait traité comme un sujet rebelle.

Cependant, quelle que fût sa haine contre la sublime Porte, ce pacha n'hésita pas à sacrifier ses ressentiments à la nécessité où il se trouvait de résister aux Français. Ce fut en vain que Buonaparte chercha à l'attirer dans son parti, et qu'il lui envoya des émissaires chargés des plus brillantes promesses. Sous beaucoup de rapports le caractère du pacha était le même que celui du général, et dès le premier instant ils durent se deviner.

Djezzar cachait dans son palais un trésor considérable, fruit de son avarice et de ses cruautés. La Porte avait fait de vains efforts pour s'en emparer, mais rien ne pouvait déterminer le pacha à s'en dessaisir. Il n'avait confiance en aucun de ses voisins; et il n'existait pas dans le monde entier un seul homme, une seule contrée où il eût osé envoyer ses richesses. Ainsi il résolut de les défendre dans sa capitale jusqu'à la dernière extrémité.

De son côté Buonaparte fut informé de l'existence du trésor de Djezar. Dès-lors il conçut l'espoir de s'en emparer; et cet espoir fut un des principaux motifs de l'expédition de Syrie, comme l'enlèvement du grand pélerinage de la Mecke, avait été le but de l'expédition de Belbeys. Il a dit dans ses rapport officiels, et ses panégyristes ont ensuite répété que son principal objet, dans l'invasion de la Syrie, avait été de prévenir ses ennemis et de les écraser les uns après les autres avant qu'ils eussent le temps de se réunir pour l'attaquer. La suite de mon récit prouvera qu'il fut loin d'obtenir un pareil résultat; mais avait-il au moins quelque raison de l'espérer, et le parti qu'il prit fut-il le plus raisonnable? Cette question est d'une grande importance; et d'après le plan que je me suis tracé, il importe de l'examiner.

Comme je l'ai déjà dit, la situation militaire de Buonaparte s'était beaucoup améliorée en Egypte. Il avait élevé des forts sur tous les points attaquables par les Mamlucks, par les Turcs ou par les Anglais. Son armée n'avait pas été re-

crutée; il était impossible qu'elle le fût jamais (1);
mais ses pertes étaient peu nombreuses, et avec
des ménagements il pouvait se défendre long-
temps contre des ennemis qui n'avaient encore
rien fait pour l'attaquer. Il est vrai que ses forces s'épuisant chaque jour sans qu'il pût les renouveler, il eût toujours fallu qu'à la fin il suc-
combât; mais ce dénouement était éloigné; et
dans un long intervalle les affaires de l'Europe
pouvaient changer; elles pouvaient même devenir telles qu'il en reçût des secours, ou que la
guerre y cessât entièrement. D'ailleurs plus il lui
était difficile de réparer ses forces; plus il avait
de raisons de les ménager. D'un autre côté il
devait sentir qu'en s'éloignant de ses moyens
de défense, il allait s'approcher du centre de
l'Empire ottoman, et qu'ainsi il aurait à lutter
contre de plus grands efforts; enfin il est évident
qu'il ne pouvait rien faire de plus propre à
donner à cette puissance la vigueur et l'énergie qui lui manquaient.

_____

(1) Il était alors en marché pour acheter dans le
Darfour, 8 ou 10 mille noirs qu'il aurait armés; mais il
n'est pas probable que cette négociation eût produit
des résultats assez prompts et assez importants, pour répondre à ses désirs et pour suffire à ses besoins. D'ailleurs il manquait d'argent pour les payer, et cette pé-
nurie fut aussi une des causes de son départ pour la
Syrie.

S'il eût au contraire résolu de se défendre
en Egypte, il pouvait s'y préparer pendant six
mois encore; et lorsque ses ennemis se seraient
présentés sur les côtes avec tous les désavanta-
ges d'une armée qui débarque devant une autre
armée, ou sur les frontières de Syrie, avec des
troupes harassées de fatigue et épuisées par les
marches du désert, il les aurait reçus avec des
troupes fraîches, et il lui eût été facile de pro-
fiter de tous les avantages d'une position centrale, en portant successivement la masse de ses
forces sur les points attaqués.

Si l'on ajoute à ces considérations la facilité
de nourrir ses troupes en Egypte, et les difficultés
qu'il allait rencontrer sous ce rapport, s'il venait
à s'en éloigner; l'impossibilité où il se trouverait
de transporter à sa suite l'artillerie, les munitions
et les vivres si nécessaires dans un désert où tout
devait lui manquer: enfin si l'on rapproche tous
ces motifs, il sera démontré qu'en attendant des
circonstances plus favorables, Buonaparte ne devait pas s'éloigner de l'Égypte. Ces considérations étaient de la dernière évidence, et il est
impossible qu'il ne les ait pas apperçues. S'il
ne fit pas, dans cette circonstance, ce que lui
commandaient à la fois les intérêts de sa gloire
et le salut de son armée, c'est que la défensive
ne fut jamais son systême; et il faut surtout

attribuer le parti qu'il prit à cette inquiétude, à cette continuelle mobilité qui ne lui ont jamais permis de rester plusieurs mois dans la même position. Peut-être aussi que sa résolution de marcher en Syrie avec tant d'imprévoyance, prouve mieux que tous les raisonnements, que ses plans d'invasion et de conquête ne s'étaient jamais bornés à l'Egypte.

S'il avait pu évacuer entièrement cette contrée; si d'un côté la crainte des Anglais, et de l'autre la nécessité de contenir les Mamlucks et les habitants, ne l'eût obligé à y laisser la moitié de son armée, son invasion aurait été moins imprudente. S'il est vrai que dans ce cas il s'éloignait de son seul point d'appui et qu'il abandonnait une contrée facile à défendre, pour se jeter dans des déserts inconnus, au moins toutes ses forces restaient réunies, et avec leur masse il pouvait faire une grande tentative; il pouvait entreprendre quelque chose qui eût été digne de son ambition et de son orgueil. Mais que pouvait-il espérer d'un corps de douze mille hommes au plus, presque sans munitions et sans artillerie, n'ayant pas pour trois jours de vivres, et manquant absolument de moyens de transport, dans des déserts où l'on ne devait rien trouver, dans un pays où les sauvages Bédouens eux-mêmes ont la précaution de tout porter avec eux?

Buonaparte avait auprès de lui plusieurs
généraux d'une prudence et d'une habileté re-
connues; la faute de leur chef ne put leur échapper : mais on sait qu'en pareil cas il ne daigna
jamais prendre aucun avis; les conseils blessè-
rent toujours sa vanité, et il aurait suffi qu'un
homme sage l'eût engagé à défendre l'Egypte
pour qu'il se fût obstiné à s'en éloigner.

Il partit donc du Caire le 10 février 1798, et
se dirigea vers la Syrie avec sa petite armée,
composée d'environ dix mille hommes d'infanterie, de neuf cents chevaux et de quelques *escadrons* de dromadaires, ne pouvant pas conduire avec elle une seule pièce de siège, et
n'ayant pas la moitié de l'artillerie de campagne
qui lui était nécessaire. On essaya de faire transporter par mer quelques grosses pièces; mais
cette voie était alors d'autant plus dangereuse,
qu'à l'instant même où les colonnes se mirent en
mouvement les vaisseaux Anglais bombardaient
Alexandrie.

Cette circonstance ne changea rien à la résolution de Buonaparte; et quoique les côtes
fussent ainsi menacées; quoique la Haute-
Egypte fût encore occupée pour la plus grande
partie par les Mamlucks de Mourad bey, il ne
craignit pas de marcher, avec une poignée de
soldats, à la conquête de la Syrie; peut-être

même que dans sa pensée il se crut destiné à celle de l'Asie toute entière.

Dès qu'elle eut quitté l'Egypte, cette armée se trouva dans les plus affreux déserts. Obligées de marcher à plusieurs jours d'intervalle, afin de ne pas épuiser les puits, les divisions s'égarèrent les unes après les autres dans les sables mouvants, que le moindre vent amassait en d'énormes montagnes, et qu'un instant après le même vent faisait disparaître. Ce fut là que les malheureux soldats se trouvèrent encore une fois livrés à toutes les horreurs de la faim et d'une soif brûlante.

Comme je l'ai dit, ces divisions n'étaient pas accompagnées d'un seul convoi de vivres ni de munitions, et dès les premiers jours elles furent réduites à manger des ânes et des chameaux. Ce n'est pas dans un tel pays que *la guerre peut nourrir la guerre*, mais c'est dans de pareilles circonstances que l'humanité et la prudence d'un général doivent se montrer dans toute leur force. Ces vertus ne furent jamais celles de Buonaparte; dans cette occasion il en eut moins que les chefs d'Arabes, et son armée expia bien douloureusement son imprévoyance.

Selon son usage il avait compté sur les vivres que ses ennemis lui abandonneraient; et si ces ennemis avaient tenu seulement deux jours à

El-Arisch et à Gaza, s'ils ne lui avaient pas
livré, dès la première attaque, les magasins
qu'ils avaient amassés dans ces deux places, toute
son armée eût péri par la faim, au début de son
entreprise.

Après quinze jours de fatigues et de privations de toute espèce, l'armée arriva devant
Jaffa. Cette place est entourée d'une vieille
muraille sans fossés et flanquée de quelques
tours. La garnison était composée de deux mille
Turcs et de trois mille Arnautes et Maugrabins.
Tous les habitants de la contrée s'y étaient réfugiés.

On a vu que l'armée française avait peu de
moyens de faire un siège; il lui eût été impossible de commencer celui de la plus petite place
d'Europe. Deux pièces de douze purent seules
être mises en batterie; et avant qu'elles eussent
ouvert une brèche les assiégés avaient exécuté,
avec beaucoup de courage, deux sorties meur-
trières. Obligés de rentrer dans la place ils avaient
disputé le terrain avec acharnement. Deux fois ils
se rallièrent et deux fois ils revinrent à la charge
contre les colonnes qui pénétraient dans la ville.

On sait que les Turcs se battent mal en rase
campagne, mais ils tiennent jusqu'à la dernière
extrémité dans une place et derrière des retranchements.

Les Français n'avaient pas encore éprouvé en Egypte une pareille résistance; et cette valeur dut leur inspirer de l'estime pour ces nouveaux ennemis. Ce fut au moins le sentiment qu'éprouvèrent quelques soldats, et quoiqu'il leur eût été ordonné de tout passer au fil de l'épée, ils épargnèrent une partie des habitants et de la garnison. Aussi las du carnage que touchés par les larmes des vaincus, ils firent des prisonniers.

Un témoin oculaire a fait ainsi la description de l'aspect qu'offrit alors cette malheureuse ville : « Le soldat se livre à toute la fureur » qu'autorise un assaut, et partout l'amour de » la gloire, osons le dire, le désir du pillage lui » font affronter les dangers. Le désordre est dans » chaque rue, dans chaque maison. Ici vous en- » tendez les cris d'une fille violée, appelant en » vain à son secours une mère qu'on outrage, » un père qu'on égorge; aucun asyle n'est res- » pecté; le sang ruisselle de tous côtés, à chaque » pas vous rencontrez un être expirant. »

Le même témoin a fait aussi le tableau de Jaffa après ce terrible massacre. « La pâleur, » la terreur des habitants, les cris bruyants » de nos soldats; des femmes égarées, dépouil- « lées de leurs voiles, obligées de franchir à » chaque pas des morts et des mourants, et re- » trouvant leurs parents, leurs amis parmi des

» cadavres mutilés; les meubles, les étoffes sur
» le sol, nos soldats choisissant dans ces débris.»
Buonaparte écrivit lui-même qu'il avait vu dans
cette ville *toutes les horreurs de la guerre*,
et que *jamais ce fléau ne lui avait paru si
hideux*.

Pendant ces scènes effroyables, une partie
de la garnison s'était réfugiée dans un fort et
dans des mosquées, où elle paraissait décidée
à se défendre. On proposa à cette troupe de
se rendre et ils mirent bas les armes; ainsi ils ca-
pitulèrent, et on ne les prit pas *les armes à la
main*, comme l'a prétendu Buonaparte dans ses
rapports officiels.

Ces prisonniers furent aussitôt conduits devant la tente du général en chef, et ils y passèrent la nuit. Le lendemain on leur fit une petite
distribution des vivres qui venaient d'être enlevés dans la place. On leur permit ensuite d'aller chercher de l'eau, et huit jours se passèrent
dans cette situation.

Ces malheureux avaient entendu vanter l'humanité, la générosité des Européens; on leur
avait parlé du droit des gens, des lois de la guerre,
ils avaient reçu les promesses des Français, et
ils dormaient en paix à côté de leurs ennemis.

Le neuvième jour, à deux heures après midi,
on leur ordonna de se réunir, et ils se rassem-

blèrent sans défiance. Ils étaient au nombre de quatre mille. On les place entre deux demi-brigades d'infanterie, et ils sont ainsi conduits dans un profond silence vers le bord de la mer. La curiosité avait attiré sur leurs pas une grande partie de l'armée ; des bruits sinistres circulaient parmi les troupes, et l'on voulait savoir si tant d'atrocité pourrait se consommer ; les victimes en furent bientôt averties elles-mêmes. Ces infortunés reçurent une aussi affreuse nouvelle avec un calme incroyable ; ils ne versèrent point de larmes, il ne poussèrent aucun cri ; dès le premier instant ils furent résignés, et ils marchèrent à la mort d'un pas aussi ferme que ceux qui les y conduisaient. Les blessés qui ne purent aller assez vite furent tués en chemin à coups de baïonnette. Arrivée à une lieue de la ville, cette lugubre colonne s'arrêta dans les dunes, auprès d'un petit étang. L'officier qui la commandait sépara les prisonniers en plusieurs pelotons qu'il fit conduire sur différents points par des détachements de ses soldats. Arrivé à la distance prescrite, chaque peloton s'arrêta, et les prisonniers furent placés sur une seule ligne. Les soldats armés se mirent à quatre pas sur une ligne parallèle, et à l'instant même ils tirèrent sur les victimes à bout portant. Comme à Toulon, *le glaive et la baïon-*

netté achevèrent ce que le feu avait com-
mencé.

Ce premier massacre dura plusieurs heures,
et pendant tout le temps qu'il se prolongea, les
dernières victimes, restées auprès de l'étang,
écoutaient en silence les coups dont leurs camarades étaient frappés; ils les voyaient tomber, et
ils attendaient leur tour debout, dans le calme,
sans proférer une plainte, sans pousser un gé-
missement. Tous firent leur ablution dans l'eau
fangeuse qui était auprès d'eux; puis se prenant
la main, après l'avoir portée sur le cœur et à la
bouche, ainsi que se saluent les Musulmans, ils
donnaient et recevaient un éternel adieu. Un de
leurs chefs fit creuser sa fosse dans le sable; il s'y
plaça lui - même dès qu'elle fut achevée; ordonna aux siens de le couvrir de terre, leur fit
ses adieux quand il fut près d'être enseveli, et
mourut sans faire entendre un soupir. Un seul,
le plus jeune de ces malheureux, sembla craindre la mort; il courut implorer la pitié du commandant français, et se jeta sous les pieds de
son cheval en s'écriant: » Quel mal ai - je fait ?
» De quoi suis - je coupable? » Ses larmes et ses
prières furent inutiles.

Lorsque tous les massacres partiels furent
exécutés, et qu'il ne resta plus à immoler que ces
dernières victimes, les soldats s'approchèrent

de l'étang auprès duquel elles étaient restées, et comme ils avaient épuisé leurs cartouches, ils les frappèrent de leurs sabres et de leurs baïonnettes. Ces infortunés, ainsi égorgés par des mains peu sûres et déjà lasses du carnage, moururent dans les plus affreuses douleurs. Ils se présentaient eux-mêmes sous le glaive; ils se jetaient sur les baïonnettes, implorant la mort la plus prompte. D'autres, cédant au mouvement de la nature qui porte à se soustraire au trépas ceux même qui y sont le plus résignés, évitaient les coups par des mouvements rapides, recevaient dans les membres ceux qui étaient dirigés au cœur, et allaient s'y dérober sous les cadavres amoncelés de leurs camarades. Quelques-uns de ces malheureux crurent ainsi se soustraire à la mort; mais le féroce commandant exigea que la masse des corps sanglants fut retournée et fouillée devant lui; il ordonna que chaque cadavre reçût de nouveaux coups, et il voulut voir expirer la dernière victime!...

Tous ces cadavres restèrent entassés sur le rivage, sans qu'on songeât à leur sépulture, sans que l'on s'inquiétât des miasmes qui allaient s'exhaler de tant de corps pestilentiels! Les soldats les avaient dépouillés des vêtements qui avaient pu leur convenir, et à l'instant même ils s'en étaient revêtus, emportant ainsi sur eux de la manière la plus inévitable les germes d'une contagion qui ne tarda pas à les atteindre.

Au moment où le sinistre cortége s'était éloigné de Jaffa, Buonaparte, placé sur une éminence, avait suivi des yeux cette lugubre marche; c'est là qu'il attendit le signal du massacre, dans les alternatives d'une joie barbare et d'une inquiétude qui malheureusement n'était pas fondée. Cet homme, aussi lâche que cruel, avait craint que des soldats français ne s'indignassent à la fin du rôle qu'il leur faisait jouer; et lorsqu'il apperçut la fumée du premier coup de fusil, il laissa échapper un cri de joie. Quel affreux spectacle que celui du général d'une nation policée, voyant ainsi égorger par ses ordres des hommes qu'il avait appelés barbares, des soldats qui n'avaient d'autre tort que de s'être défendus avec courage! Combien il serait hideux, mais qu'il serait exact et fidèle, le tableau où cet homme serait représenté observant de loin cette scène de carnage!... c'est un sujet que je propose aux artistes; il effacera la honte d'un autre tableau par lequel on a voulu cacher un crime encore plus odieux, en représentant le même homme donnant sur les mêmes lieux un exemple d'humanité et de courage.

Aucun doute ne peut être élevé sur le massacre des prisonniers de Jaffa; j'en ai emprunté

les détails des témoins oculaires. Depuis quatorze
ans il était connu de la plus grande partie de
l'Europe. Depuis six mois quelques circonstances en ont été publiées en France par différents
témoins ; un grand nombre de militaires qui les
ont vues existent encore, et il n'en est pas un
qui les ait niées. Wittmann et Wilson, qui allè-
rent sur les lieux peu de mois après, les rap-
portent de la même manière dans la relation
de leurs voyages. Ils ont interrogé les habitants
qui avaient survécu à tant de maux, et tous
leur ont fait le même récit. Trois ans après cet
horrible événement les enfants montraient encore aux voyageurs les ossements de leurs pères
entassés sur le rivage.

Si les admirateurs de Buonaparte n'ont pas
osé nier ces affreux détails, ils ont eu assez de
bassesse pour leur chercher des excuses : « L'ar-
» mée française, ont-ils dit, ne pouvait se
» nourrir qu'avec peine, et il lui était impos-
» sible de pourvoir à la subsistance d'une aussi
» grande quantité de prisonniers. Cette armée
» n'était pas assez nombreuse pour les garder ;
» et si elle les eût renvoyés en Egypte, elle se
» serait trop affaiblie. » Ainsi les écrivains les
plus favorables à Buonaparte ; ceux même qui
ont montré tant de complaisance pour ses crimes
les plus odieux, n'ont pu, dans cette occasion,

l'excuser d'une aussi horrible cruauté qu'en l'accusant de la plus coupable imprévoyance. J'ai déjà fait connaître, dans la première partie de cet ouvrage, combien sa méthode de faire la guerre, sans s'y être préparé, entraînait de maux pour les peuples et pour les armées. Jamais cette méthode n'avait été plus funeste aux uns et aux autres; jamais elle n'avait porté les soldats français à des excès plus déplorables; jamais elle n'avait attiré sur les peuples d'aussi effroyables calamités. Quelle guerre en effet que celle où les vainqueurs se croyent obligés d'égorger les vaincus, pour n'avoir pas à partager les aliments qu'ils viennent de leur ravir!

Mais s'il est vrai qu'à Jaffa l'armée française fut si près de manquer de subsistances, qu'aurait donc fait le général s'il n'avait pu prendre cette ville? Si après s'être emparé d'une place approvisionnée, il fut obligé d'en égorger la garnison, parce qu'il ne pouvait la nourrir, comment aurait-il donc nourri sa propre armée, si cette place ne se fût pas rendue? Mais non, rien ne lui commandait alors un crime aussi atroce. Il trouva dans la ville de quoi faire vivre son armée pendant plusieurs jours; et depuis que cette armée était sortie du désert, depuis qu'elle s'était approchée du Jourdain et de la Palestine, elle se trouvait dans un pays plus fertile et sous un climat très ressemblant à celui de l'Europe. Elle fut arrêtée dans ce pays beaucoup plus long - temps que son général ne l'avait prévu. Le siége de Saint-Jean-d'Acre, si long et si meurtrier, l'obligea à s'y nourrir pendant deux mois, sans autre secours que celui des subsistances enlevées aux habitants. Ces subsistances lui suffirent ; elle ne manqua point de vivres ; et d'après le témoignage des soldats, d'après les rapports de ceux-là même qui étaient chargés de l'administration des vivres, jamais depuis son débarquement l'armée n'avait été dans une pareille abondance. Ainsi quatre mille hommes à nourrir pendant une semaine au plus, présentaient peu de difficultés. Il suffisait même de leur donner des subsistances pour quatre jours, si l'on voulait les envoyer en Egypte. L'armée française n'en avait pas autant reçu lorsqu'elle était entrée dans le désert !..

Les mêmes apologistes disent encore qu'il fallait un détachement pour les escorter, et que l'armée était trop faible pour le fournir. Cette dernière excuse ne serait pas admissible s'il était question de prisonniers européens ; elle est tout-à-fait ridicule quand il s'agit de Musulmans, si timides et si confiants, qu'ils se laissè-

rent égorger par une troupe moins nombreuse
que la leur. Trois cents hommes eussent suffi
pour ce détachement, et certes l'on va voir que
ce crime si atroce et si inutile priva bientôt l'armée d'un nombre plus considérable de ses soldats; on verra aussi qu'il lui attira bien plus
d'ennemis que son général n'avait pu en faire
égorger.

Mais, quelque timides et confiants qu'ils fussent, si ces quatre mille hommes avaient pu prévoir le sort qui leur était destiné; si, en se conduisant comme la garnison d'El-Arisch, ils n'a-
vaient pas espéré qu'on les traiterait de la même
manière, pense-t-on qu'ils eussent aussi facile-
ment mis bas les armes? et quelle que fût la faiblesse de leurs remparts, n'est-il pas au moins
probable qu'ils se fussent défendus de manière à
arrêter l'armée française? Ce résultat était d'autant plus vraisemblable que peu de temps après
ce massacre, la garnison de St.-Jean-d'Acre ne
fit une aussi belle défense que parce que ce terrible exemple avait prouvé que le seul moyen de
se soustraire à la fureur de Buonaparte, était de
déployer un grand courage et de montrer une
véritable résolution.

C'est dans les mêmes contrées que le terrible
Richard Cœur-de-Lion avait aussi fait massacrer
cinq mille Musulmans prisonniers. On se rap-

pelle qu'il essaya de justifier cette cruauté en la
représentant comme une juste représaille; mais
le grand Saladin, son rival, était incapable
d'une pareille infamie; et dans ces temps de barbarie toutes les nations eurent horreur d'un
crime qui devait être renouvelé dans le dix-huitième siècle. Les Français témoignèrent hautement leur indignation, et Philippe-Auguste,
qui les commandait, sépara aussitôt son armée
de celle de Richard.

Après le sac de Jaffa, les Français, que commandait Buonaparte, continuèrent leur marche
le long de la côte, faisant face à leur droite,
par intervalle, pour repousser vers le Jourdain
les Mamlucks et les Arabes qui ne cessaient de
les harceler. Ils arrivèrent ainsi à Caïffa, où des
magasins assez considérables de vivres et de munitions, abandonnés par les Musulmans, les em-
pêchèrent encore une fois de s'apercevoir de
l'imprévoyance de leur général.

Enfin Buonaparte se présenta devant St.-Jean-
d'Acre le 18 mars 1799. Il avait à sa droite la Ju-
dée et le Jourdain, et plus loin la ville de Damas, dont les richesses étaient un appât non
moins séduisant que le trésor de Djezar; mais
toutes les troupes musulmanes s'étaient retirées
vers cette ville, et il leur était aisé de la couvrir; c'était même un point d'appui d'où elles

pouvaient menacer à la fois les derrières et le flanc droit de l'armée française, tant que St.-Jean-d'Acre ne serait pas au pouvoir de cette armée.

Buonaparte avait sa gauche appuyée à la mer; mais ce voisinage, loin d'être pour lui un motif de sécurité, devait être l'objet d'une surveillance continuelle, à cause des vaisseaux anglais qui en étaient les maîtres. J'ai dit que loin d'avoir l'artillerie suffisante pour un siége, l'armée avait à peine la moitié de son artillerie de campagne. D'un autre côté, le génie n'avait eu ni le temps ni les moyens de faire la moindre partie des apprêts si nécessaires à une pareille entreprise; et si le général eût voulu conduire ce siége d'une manière régulière et selon les principes de l'art, il s'en fallait de beaucoup que les munitions de l'artillerie et de l'infanterie pussent y suffire.

Mais comment Buonaparte se serait-il arrêté à construire lentement et par de longs efforts des batteries solides; à ouvrir péniblement des tranchées successives qui auraient mis ses soldats à l'abri, mais qui auraient retardé sa marche? Ce genre d'attaque n'était pas dans son plan ni dans son caractère (1). A peine a-t-il exa-

_____

(1) Le général Kléber, dont l'habileté était surtout

miné les remparts, que, croyant se trouver devant
une autre Alexandrie, il ne laisse pas à ses soldats le temps d'achever dans le sable un mauvais chemin couvert; il leur fait ouvrir la première parallèle sous un feu terrible, à cent cinquante toises de la place. Cette tranchée n'était
pas achevée, la place n'était pas même reconnue,
que déjà il se préparait à donner l'assaut, lorsqu'il apprend que cette place est défendue par
un mur solide, flanqué de tours, qu'elle est
entourée d'un fossé de quinze pieds, avec escarpe,
contrescarpe et chemin couvert, que l'artillerie
est servie par des canonniers anglais, enfin que
toute la défense est dirigée par le commodore
anglais Sydney Smith et par l'ingénieur français
Philippeaux.

Cet habile officier avait fait ses études à l'École
militaire en même temps que Buonaparte, et il
fut enchanté d'avoir rencontré cette occasion de
se mesurer avec son ancien condisciple. Il donna
en très peu de temps, aux fortifications de
St.-Jean-d'Acre, tout le développement et toute
la force dont elles étaient susceptibles. Des bas-

---

remarquable dans la conduite d'un siége, blâma hautement la manière dont celui-ci fut commencé, et il ne
craignit pas de dire à Buonaparte combien ses moyens
étaient insuffisants.

tions et des cavaliers furent construits en moins
de huit jours sous sa direction ; il fit creuser des
fossés et des mines ; tous les moyens de défense
qui se trouvaient sur les vaisseaux anglais furent
transportés sur les remparts; enfin l'on vit sur
ces mêmes remparts l'artillerie des français qui
avait été enlevée par la flotte anglaise; et cette
artillerie fut tournée contre ceux là même qu'elle
devait servir. Les français ne purent diriger contre
ces remparts que trois pièces de douze. A peine
ces pièces, si insuffisantes devant une artillerie nombreuse et bien servie, avaient-elles
commencé une brèche, que Buonaparte ordonna un assaut, et que le lendemain il le fit
recommencer encore, quelque funeste et quelque
meurtrier qu'eût été celui de la veille.

Il serait difficile de se faire une idée bien complète du spectacle qu'offrit, pendant quarante
jours, cette terrible lutte dans laquelle les assiégés
et les assiégeants se trouvèrent presque toujours à
demi-portée de fusil les uns des autres. Jamais la valeur française n'avait été soumise à d'aussi cruelles
épreuves, jamais un chef n'avait autant exigé de
ses soldats. Tout repos leur fut interdit ; ils
avaient à peine le temps de prendre un faible
repas, que déjà on les envoyait à de nouvelles attaques. Le moindre poste fut disputé avec le
dernier acharnement. Une misérable tour an-

tique, la même peut-être que dans le douzième siècle les Croisés avaient appelée *la Tour maudite* (1), fut sans cesse minée et contre-minée, prise et reprise par les deux partis. Elle fut même occupée plusieurs fois en même temps par les Musulmans et par les Français qui s'envoyaient la mort d'un étage à l'autre.

Plusieurs mines conduites par les assiégeants jusque sous les murs de la place, éclatèrent avec un effet terrible; d'autres furent découvertes et éventées par l'habile Philippeaux. Ce brave officier fut mis hors de combat par une blessure grave, vers le milieu du siége, sans que la défense en souffrît. La garnison, profitant des dispositions qu'il avait faites, et de l'exemple qu'il avait donné, continua à résister avec le même succès. Elle fit de nombreuses sorties et souvent elle détruisit les travaux des assiégeants. Trois fois ceux-ci pénétrèrent jusque dans la ville, et trois fois ils furent repoussés par la valeur des Musulmans que dirigeaient des officiers anglais (2).

_____

(1) La tour de St.-Jean-d'Acre, qui fit tant de mal aux Français en 1799, était située au nord de la ville, du même côté que se trouvait la tour *maudite* (ou *Tour du Diable*), de l'ancienne Ptolémaïs, si funeste aux armées de Philippe-Auguste et de Richard Cœur-de-Lion.

(2) Le capitaine Asfield, l'un des plus braves officiers

J'ai déjà dit que les Turcs, qui se défendent si mal en rase campagne, ne savent pas ce que c'est que de capituler dans une place, et derrière des retranchements. Ceux-là avaient d'ailleurs devant eux l'effrayant exemple de la garnison de Jaffa , et Buonaparte ne devait pas espérer qu'ils se laisseraient prendre vivants.

Cette courageuse garnison n'était pas, au reste, les seuls ennemis que les Français eussent à combattre ; il fallut encore qu'à plusieurs reprises ils se défendissent contre différents corps venus de Damas, qui passèrent le Jourdain et cherchèrent à faire lever le siége.

La tentative la plus considérable de ce genre est celle qui amena l'affaire que Buonaparte appelle la *bataille* de Mont-Tabor, mais qui dans le fait ne fut , ainsi que celle de Chebreyss et celle des Pyramides, qu'une vaine attaque de cavalerie en désordre contre un corps d'infanterie française bien aguerri et bien discipliné.

---

de l'armée anglaise, ayant reçu une blessure mortelle dans une de ces sorties, les soldats français crurent avoir tué Philippeaux, et on annonça cette nouvelle au général en chef; celui-ci ordonna à l'instant que le cadavre fût apporté devant lui, et c'est avec beaucoup de regret qu'il reconnut que ce n'était pas celui de son ancien condisciple.

Ce corps n'était pas composé de plus de cinq
mille hommes, et il n'en fallut pas un plus grand
nombre pour repousser, au - delà du Jourdain,
vingt mille cavaliers Musulmans, qui depuis trois
jours faisaient de vaines tentatives contre un
seul bataillon d'avant-garde.

Après ce facile succès, toute l'armée française se réunit de nouveau sous les murs de St.-
Jean-d'Acre ; et le siége, qui s'était ralenti pendant quelques jours, fut repris avec une nouvelle
fureur. La place recevait journellement des ren-
forts, et Buonaparte aurait dû perdre tout espoir de s'en emparer ; mais rien ne put vaincre
son obstination. Toutes ses destinées semblaient
attachées à la prise de cette ville. « *Le sort de
l'Orient est dans cette bicoque*, » dit-il un jour
au général Murat, en lui montrant les murs de
St.-Jean-d'Acre (1). On conçoit qu'avec une telle
opinion aucun sacrifice ne dut lui paraître trop
grand ; et l'on sait que la vie des soldats fut toujours celui qui lui coûta le moins.

Quelques jours après son retour de Mont-
Tabor il lui arriva quatre pièces de vingt-quatre

---

(1) Ce mot remarquable a été rapporté par Murat lui-
même, et je le donne ici comme une nouvelle preuve
des plans gigantesques et des vaines illusions qui avaient
conduit Buonaparte en Syrie.

qui avaient échappé à tous les périls de la mer.
Elles furent à l'instant mises en batterie, et
bientôt elles ouvrirent quelques brèches impar-
faites, mais que l'impatient général regarda
comme praticables. Il ordonna aussitôt de nouveaux assauts : à peine ses troupes eurent-elles
échoué dans une tentative, qu'il leur en fit recommencer une nouvelle. Enfin la première enceinte de la ville parut tout à coup renversée,
et les assiégeants se hâtèrent de la franchir ; mais
à leur grand étonnement ils en trouvèrent une
seconde plus forte que la première et que les assiégés venaient d'établir. Il n'est pas un général
qui n'eût alors abandonné une aussi folle entreprise, et qui, pour me servir de l'expression
de Buonaparte lui-même, n'eût renoncé à une
bicoque dont la prise ne pouvait d'ailleurs lui
être d'aucune utilité, et qu'il eût été obligé
d'évacuer aussitôt après s'en être emparé.

Où pouvait en effet le conduire la prise de cette
ville ? Si son intention était de retourner en
Égypte, il lui était impossible de conserver
une garnison si éloignée et que d'immenses déserts eussent séparée du reste de l'armée. Si,
comme cela est plus vraisemblable, il voulait
se porter en avant et marcher sur Constantinople, il allait rencontrer devant lui le Mont-
Liban et toute cette immense chaîne de mon-

tagnes que les anciens appelaient le Mont-Taurus.
On sait que ces montagnes, quoique moins éle-
vées, sont d'un accès plus difficile que les Alpes.
Ce fut dans leurs terribles défilés que périrent
autrefois les innombrables armées de Croisés,
qui voulurent pénétrer dans la Palestine par
le chemin de Constantinople. Ces armées. marchaient comme celle de Buonaparte, sans vivres
et sans préparatifs ; mais elles n'eurent souvent à
combattre que des obstacles de ce genre : Buonaparte avec douze mille hommes marchait par
le même chemin, et sans aucun préparatif, à la
conquête d'un puissant empire; et il commençait
par un siége où le moindre malheur qui pût lui
arriver était de perdre un tiers de son armée !

Toutes ces considérations ne purent lui ouvrir les yeux, et il ne renonça à sa chimère que
lorsque le découragement et les murmures de
l'armée lui firent craindre pour sa propre sûreté.
Déjà plus d'un tiers de cette armée avait péri
par les fatigues, par le fer de l'ennemi et par le
terrible fléau de la peste ; déjà plus d'une fois
les munitions avaient manqué au milieu des attaques les plus vives, et les soldats français n'a-
vaient eu que leurs baïonnettes pour résister à la
fureur des Musulmans. Parmi les morts on
comptait des généraux d'un grand mérite, tels
que Bon, Caffarelli, Raimbaud, etc. De part

et d'autre on n'avait pas fait un seul prisonnier ; et, à la honte des Européens, c'étaient eux qui avaient pris l'initiative dans cet horrible système de meurtres et d'assassinats. L'acharnement était tel qu'on n'avait pas même pris le temps d'enterrer les morts. Les fossés, le chemin couvert, les brèches et les tranchées étaient remplis de cadavres pestilentiels. L'armée française eut encore plus à en souffrir que les assiégés; et dans les derniers jours les soldats refusèrent positivement de descendre dans des fossés où, s'ils n'étaient pas atteints par le fer des Musulmans, il leur était impossible de se soustraire au plus redoutable des fléaux. Ce fut en vain que Buonaparte demanda une trève à Djezar afin de pouvoir enterrer les morts. C'était une guerre d'extermination qu'il avait commencée; ce fut par une guerre d'extermination qu'on lui résista.

Enfin, après quarante-trois jours de combats sans cesse réitérés ; lorsque l'armée fut entièrement découragée ; lorsqu'elle se trouva près de manquer entièrement de munitions, Buonaparte commença à s'apercevoir de l'inutilité de tant de sacrifices, et il vit que d'autres efforts pourraient lui être encore plus funestes. Il renonça alors à son entreprise. Mais avant de s'éloigner d'une ville où , pour la première fois, il avait rencontré des hommes capables de lui résister , il voulut y laisser des traces de sa colère et de son ressentiment. C'est lui-même qui a rendu compte de la manière dont il exerça ses vengeances, et voici l'extrait du rapport qu'il fit à son gouvernement, dans le moment où il se préparait à quitter ce théâtre de sa honte : « Je fais placer une bat-» terie de vingt-quatre pour raser le palais de » Djezar et les principaux monuments de la » ville. Je fais jeter un millier de bombes qui , » dans un endroit aussi resserré, doivent faire » un mal considérable. » Quelques jours après il rendit compte d'une manière encore plus barbare des effets de ces funestes préparatifs. « Le » feu a consumé la ville pendant soixante-douze » heures , et l'effet que je m'étais proposé est » rempli. » Il ajouta qu'il *aurait pu s'emparer de la place*, *mais qu'il avait craint la peste qui s'y était manifestée.* C'est encore là un mensonge qui n'a pas besoin d'être réfuté.

La proclamation par laquelle il annonça sa retraite n'est pas moins digne de remarque. On voit qu'elle a été écrite *ab irato* , et quels que soient ses efforts pour cacher son dépit, chaque phrase de cette pièce est empreinte de son ressentiment et de son humiliation.

« Vous avez traversé le désert qui sépare l'A-

» frique de l'Asie, avec plus de rapidité qu'une
» armée arabe.

» L'armée qui était en marche pour envahir
» l'Egypte *est détruite ; vous avez pris son gé-*
» *néral, son équipage de campagne, ses ba-*
» *gages, ses outres, ses chameaux.*

» Vous vous êtes emparés de toutes les places
» fortes qui défendent les puits du désert.

» Vous avez dispersé aux champs de Mont-Ta-
« bor cette armée d'hommes accourus de toutes
» les parties de l'Asie dans l'espoir de *piller*
» l'Egypte.

» Les trente vaisseaux que vous avez vus arri-
» ver devant Acre, il y a douze jours, portaient
» l'armée qui devait assiéger Alexandrie ; mais
» obligée d'accourir à Acre, *elle a fini ses des-*
» *tins.* Une partie de ses drapeaux ornera votre
» entrée en Egypte.

» Enfin, après avoir, avec une poignée d'hom-
» mes, nourri la guerre pendant trois mois dans
» le cœur de la Syrie, *pris quarante pièces de*
» *campagne, cinquante drapeaux,* fait six
» mille prisonniers, rasé les fortifications de
» Ghazah, de Jaffa, Caïffa, Acre, nous allons
» rentrer en Egypte ; la saison des débarque-
» ments m'y rappelle.

» *Encore quelques jours, et vous aviez l'es-*
» *poir de prendre le Pacha même dans son*

» *palais*; mais dans cette saison la prise du châ-
» teau d'Acre ne vaut pas la perte de quelques
» jours. D'ailleurs les braves que je devrais y
» perdre sont nécessaires pour des opérations
» plus essentielles.

» Soldats, nous avons une carrière de dangers,
» de fatigues à courir. *Après avoir mis l'O-*
» *rient hors d'état de rien faire* contre nous
» cette campagne, il nous faudra peut-être re-
» pousser les efforts d'une partie de l'Occident.

» Vous y trouverez une nouvelle occasion de
» gloire; et si au milieu de tant de combats,
» chaque jour est marqué par la mort d'un brave,
» *il faut que de nouveaux braves se forment,*
» *et prennent rang à leur tour* parmi ce petit
» nombre qui donne l'élan dans les dangers et
» maîtrise la victoire. »

Je ne ferai pas à mes lecteurs l'injure de leur
indiquer tous les mensonges de cette singulière
proclamation; et je ne doute pas qu'ils ne se soient
déjà demandé comme moi et comme les soldats
auxquels elle fut adressée, en quel lieu et à
quelle époque cette armée *ennemie avait été*
détruite, où elle avait fini ses destins, en
quel endroit, enfin, et de quelle manière avaient
été pris ces équipages et ce général.

Je conçois que dans des rapports menson-
gers, envoyés loin du théâtre des événements,

on puisse essayer de tromper sur ces événemens ceux qui n'ont pu les voir; mais qu'en parlant à ceux-là même qui viennent d'en être les témoins et les acteurs, on se flatte de leur en imposer, c'est ce qu'il m'est impossible de comprendre, et c'est ce dont je ne trouve des exemples que dans la conduite de Buonaparte. Je sais que le peuple des camps est encore plus facile à tromper que celui des cités; cependant, je ne conçois pas que les soldats français aient pu croire à la destruction d'une armée qui venait de repousser leurs efforts d'une manière si funeste et si décisive. Sans doute ils ne se sont pas attribué une gloire qu'ils n'avaient pas obtenue; ce n'est pas là le caractère des braves: mais comment n'ont-ils pas, à l'instant même, accablé de tout leur mépris l'auteur de mensonges aussi impudents?

Il est aisé de voir que Buonaparte sentait alors tous les reproches qui pouvaient lui être adressés sur la témérité de son entreprise; et le principal objet de sa proclamation fut de prouver qu'elle avait au moins eu un but et des résultats. Ces résultats n'étaient que trop évidents: quatre mille français avaient péri, et leurs camarades revenaient tristement vers cette fâcheuse Égypte qu'ils avaient quittée avec tant de plaisir trois mois auparavant; ils abandonnaient l'artillerie, les équipages, les malades et les blessés; ils marchaient au milieu des cadavres, des ruines et de l'incendie; ils allaient encore une fois traverser les affreux déserts.

A peine furent-ils arrivés sur les bords du Nil, que les troupes musulmanes, qui s'étaient préparées depuis plusieurs mois à attaquer l'Egypte, loin d'avoir *fini leurs destins* à St.-Jean-d'Acre, débarquèrent sur les côtes d'Alexandrie. A peine l'armée française avait-elle repoussé leur attaque, qu'elle fut obligée de se défendre contre soixante mille Turcs commandés par un Grand-Visir et *venus de l'Orient*, où l'on n'était par conséquent pas encore *hors d'état de rien faire.*

Mais avant de ramener le lecteur en Egypte, je dois lui faire connaître tous les désastres dont furent marqués les pas de l'armée française dans sa retraite de Syrie. La première et la plus incroyable de ces calamités, est sans doute l'empoisonnement des blessés et des malades français par ordre de leur général lui-même. C'est le crime que Buonaparte a cherché à cacher avec le plus de soin. Persuadé que c'était le plus capable d'exciter l'indignation de l'armée française, il ne négligea rien pour qu'elle l'ignorât toujours; et il est sûr qu'à de très petites exceptions près il était parvenu à ce but si important pour lui, lors même que toute l'Europe avait retenti du bruit d'une atrocité aussi extraordinaire (1).

Après avoir abandonné à l'ennemi ses équipages et son artillerie, Buonaparte n'avait pas même encore assez de moyens de transport pour évacuer ses malades et ses blessés. Cependant un grand nombre de ces malheureux avaient été im-

---

(1) Les premiers récits de l'empoisonnement des soldats français à Jaffa ont été publiés en Europe par des voyageurs anglais qui traversèrent la Syrie peu de temps après cet horrible événement. Tous les journaux de Londres firent aussitôt remarquer un crime aussi inouï. Buonaparte était alors au faîte des grandeurs, et les Anglais eux-mêmes venaient de reconnaître sa puissance en signant le traité d'Amiens. L'orgueilleux consul se plaignit amèrement à l'ambassadeur de la Grande-Bretagne des insultes qui lui étaient faites par ces journalistes. Lord Withworth répondit qu'en pareil cas le roi son maître lui-même n'aurait pas autre chose à faire que de rendre plainte devant les tribunaux. Buonaparte n'ayant pas en effet d'autre moyen de se venger, chargea son ambassadeur à Londres de poursuivre les journalistes comme *calomniateurs.* Traduits en justice, ces écrivains firent intervenir beaucoup de témoins, et plusieurs militaires qui avaient fait la campagne de Syrie vinrent déclarer devant les juges, *que c'était une chose notoire et hors de doute que l'égorgement des prisonniers et l'empoisonnement des malades à Jaffa, par ordre de Buonaparte.*

pitoyablement abandonnés sous les murs de St.-
Jean-d'Acre; d'autres avaient été livrés à la merci
des flots sans guides, sans médicaments et sans
le moindre secours; enfin les chemins en étaient
jonchés, et à chaque pas on les rencontrait in-
voquant la pitié de leurs camarades, qui les abandonnaient pour toujours à leur malheureux sort.
Mais les plus nombreuses et les plus infortunées,
sans doute, de ces tristes victimes, se trouvaient
dans les hôpitaux du mont Carmel et de Jaffa.
Presque tous étaient atteints de la terrible contagion, mais tous ne l'étaient pas avec la même
gravité, et quelques soins pouvaient en sauver
une grande partie. Les Musulmans les auraient
peut-être pris ces soins-là; et il n'est pas probable qu'ils eussent vengé, sur ces êtres faibles et
mourants, le trépas de leurs frères égorgés.
Qu'importait d'ailleurs à leur général qu'un tel
sort fût destiné à ces malheureux; et que pouvait-il leur arriver de pire que de mourir par la
main des leurs!

Lorsque Buonaparte arriva à Jaffa il avait déjà fait empoisonner avec de l'opium plusieurs malades en chemin, et particulièrement au Mont-
Carmel, où l'ambulance avait été placée pendant le siége. Arrivé dans cette ville, il fait venir
auprès de lui le médecin en chef de son armée,
le docteur Desgenettes, et il lui propose froi-

dement de faire empoisonner les malades qui se trouvaient dans l'hôpital. « Mon ministère est de » soulager l'humanité, » répondit cet homme courageux. « Je vous croyais un esprit plus éle- » vé, » répliqua le général, d'un ton railleur. « Eh » bien ! ajouta-t-il, je m'adresserai à d'autres. » Il s'adressa en effet à d'autres, et à l'instant même le pharmacien de l'armée fut appelé devant lui. Cet homme se nommait Royer; il se chargea, sans hésitation, de préparer et de présenter lui-même aux malades une boisson empoisonnée. Le lendemain trois cents (1) soldats français moururent après avoir avalé de l'opium que ce monstre leur avait donné comme un breuvage salutaire (2)!...

Les Musulmans entrèrent dans la place de Jaffa quelques heures après que le crime fut con-

---

(1) On porte à cinq cents hommes les Français dont Buonaparte ordonna ainsi le trépas, tant au Mont-Carmel que dans la route et à l'hôpital de Jaffa.

(2) Toute l'armée connaissait le crime de Royer; on le lui reprocha hautement dans plusieurs occasions; et lorsqu'il voulut s'embarquer pour revenir en France après la capitulation, l'indignation devint si manifeste qu'il fut obligé de rester au Caire. Les Turcs l'arrêtèrent quelques mois après, et ils le firent mourir du dernier supplice comme convaincu d'espionnage.

sommé, et ils trouvèrent les soldats français ex-
pirants; ces malheureux montraient le *breuvage
jaune* qui venait de causer leur mort; ils ne
croyaient pas encore à toute l'atrocité de leur
bourreau, et ils ne l'accusaient que d'une erreur
ou d'une imprudence!... La situation de ces tristes
victimes de la cruauté de leur général, toucha
les soldats de Dejezar; les Arnautes et les Maugrabins eux-mêmes, oubliant les vengeances qu'ils
avaient à exercer, s'empressèrent de les secourir;
ils leur donnèrent des antidotes, et une douzaine
de ces infortunés échappa à la mort par les
soins d'ennemis aussi généreux. Ils furent renvoyés à l'armée française après la paix d'El-Arisch;
et plusieurs d'entre eux vivent encore !

On chercherait en vain dans toutes les pages
de l'histoire un crime qui puisse être comparé
à celui-là. Plusieurs conquérants, aussi féroces
que Buonaparte, ont fait égorger leurs prisonniers; sur les mêmes lieux, ainsi que je l'ai déjà
dit, l'orgueilleux Richard avait autrefois fait
massacrer cinq mille ennemis du nom chrétien;
mais faire mourir de sang froid ses propres soldats, des hommes qui ont sacrifié pour la patrie
et pour leur général toute leur existence! une
telle infamie ne s'est vue que dans le dix-huitième siècle; elle ne se renouvellera plus sans
doute; et la postérité n'en trouvera d'exemple
que dans l'histoire de Buonaparte.

Une considération doit cependant affaiblir la douleur que fait éprouver le sort de ces infortunés ; et je ne puis m'abstenir de faire remarquer dans leur triste destinée les inévitables décrets de la Providence. Ces Français qui gissaient dans l'hôpital de Jaffa, atteints de la terrible contagion, étaient, pour la plus grande partie, les mêmes hommes qui, deux mois auparavant, avaient égorgé par ordre de leur chef, quatre mille prisonniers désarmés. On a vu que les cadavres, entassés sur le rivage, y étaient restés sans sépulture. Leur putridité porta bientôt dans toute la contrée les germes du terrible fléau, et les soldats français, ceux-là surtout qui s'étaient revêtus de la dépouille des victimes, en furent les premiers atteints !

Sans doute ces soldats ont pu dire, avec quelque raison, qu'ils n'avaient fait qu'obéir à leur chef ; mais il n'est pas vrai que la discipline militaire ordonne en pareil cas une telle obéissance. L'ordre d'un chef n'est pas un jugement ; et c'est un véritable assassinat que de tuer un homme qui n'a pas été jugé. Pour des guerriers le crime est encore plus grand, quand il s'agit d'un ennemi désarmé, d'un ennemi dont on a reçu la capitulation. Je le dis hautement ; parce que si de pareilles atrocités pouvaient se renouveler, il faut que ceux dont on voudrait

9..

encore en faire les aveugles instruments, con-
naissent bien ces principes immuables.

La retraite de St.-Jean-d'Acre était le premier échec que Buonaparte eût éprouvé dans sa
carrière militaire; et c'était la première fois que
l'on eût vu le *grand homme* aux prises avec l'ad-
versité. Il fut loin, sans doute, dans une telle position, de se montrer comme un sage et comme
un héros; donnant un libre essor à son ressentiment, il fit tout brûler et dévaster sur son
passage. On ne trouverait pas même dans l'histoire des plus odieux conquérants, des effets d'une
vengeance aussi cruelle, et rien n'est compara-
ble au tableau qu'offrirent alors la Syrie et
la Palestine. Cette contrée, qui dans tous les
siècles fut le théâtre de tant de guerres désas-
treuses, n'avait rien encore éprouvé de pareil.
Les ravages exercés par les guerriers les plus
féroces, peuvent à peine être comparés à ceux
que Buonaparte ordonna dans sa retraite.

Ce fut réellement sur des ruines et sur des
cadavres que se retira l'armée française. Elle
marchait à la lueur des incendies. « Le vent
» portait la flamme jusque dans les montagnes,
» a dit un témoin de ces fureurs ; la terre n'of-
» frait plus que l'image de la désolation. Tandis
» que les bestiaux fuyaient en mugissant, les ha-
» bitants effrayés, la rage dans le cœur, contem-

» plaient, sans pouvoir les arrêter, les désastres
» qui signalaient notre passage. » C'était en partant de St.-Jean-d'Acre que Buonaparte avait
ainsi donné le signal de ses vengeances. Les habitants du pays qui environnait son camp en
éprouvèrent les premiers effets. Ces habitants
étaient les mêmes hommes auxquels il avait
annoncé en arrivant, *qu'il venait les délivrer
des vexations de Djezar*. Et qu'on ne dise
pas qu'il eût à se plaindre de ces peuples,
ni qu'il en eût éprouvé la moindre hostilité.
Voici le tableau que le même témoin a fait
de leur conduite envers les Français, tant que
dura le siége. « A peine le camp était-il assis,
» que les habitants des villages qui entourent la
» plaine de St.-Jean-d'Acre, vinrent en foule
» nous apporter des provisions de tout genre. Ils
» établirent bientôt un petit marché où nous trou-
» vâmes à acheter des figues sèches, du tabac et
» quelquefois du fromage. Les Druses, instruits
» également de notre arrivée descendirent de leurs
» montagnes. et vinrent saluer Buonaparte... En
» général, soit que les habitants, presque tous
» chrétiens, voulussent paraître nos amis, ou que
» véritablement ils fussent fatigués du joug sous
» lequel ils vivaient alors, ils prononçaient le dé-
» sir de voir prospérer nos armes, et faisaient
» des vœux pour la prise d'Acre. Ils venaient sou-

» vent devant nos tentes s'accroupir et considé-
» rer, en fumant leurs pipes, les efforts de nos
» guerriers, pour pénétrer dans la place. Loin
» de rencontrer parmi ces habitants ces dispo-
» sitions hostiles, que nous cachaient politique-
» ment les Egyptiens, nous ne trouvâmes parmi
» eux que cordialité et hospitalité ; jamais ils ne
» commirent sur les Français un assassinat. »

Voilà quels étaient les hommes que Buonaparte livra au pillage de ses soldats ; voilà
comment s'étaient conduits envers eux, ceux-là
même dont, par ordre de leur chef, ils pillèrent
et détruisirent si impitoyablement les habitations. On n'épargna pas même les moissons
dans les champs ; et cet abominable systême
s'étendit bien loin au - delà de Jaffa. Toute
la Syrie et cette partie de la Palestine, qui est à
la gauche du Jourdain, étaient en feu dans le même
moment. Les torches ne cessèrent d'être allu-
mées que quand il n'y eut plus rien à incendier ; et
ce ne fut qu'au désert que les ravages s'arrêtèrent !

Afin qu'on ne m'accuse pas d'exagération,
je citerai l'autorité du général Berthier, qui était
chef d'état-major de cette armée. « *L'ordre est*
» *donné* à la colonne du général Régnier, et à
» celle du centre, *de brûler les villages et*
» *toutes les moissons.* La cavalerie prend la
» droite, pour ramasser les troupeaux qui s'y

» sont réfugiés... La plaine est toute en feu. »
(Relation des expéditions d'Égypte et de Syrie,
pag. 109 et 110). Enfin on lit dans le rapport
qui fut envoyé au Directoire, sur la même retraite. « Les habitations sont réduites en cendres;
» les troupeaux enlevés et les grains incendiés. »

Je n'ajouterai aucune réflexion à ces affreux
détails, il est des faits qui n'ont pas besoin
d'être commentés; et je crois qu'il me suffira
d'avoir prouvé que ceux-là sont vrais.

Après quelques jours de marche dans le désert, bien moins pénibles qu'au premier passage,
parce qu'elle avait des vivres en abondance,
l'armée arriva en Egypte, et elle rentra au Caire
réduite de plus d'un tiers, emportant avec elle
le germe des plus affreuses maladies, mais chargée
des dépouilles de tous les pays qu'elle venait de
parcourir. Cette dernière circonstance avait fait
oublier aux soldats leurs fatigues et leurs souffrances. Buonaparte, qui avait eu quelques inquiétudes sur leur mécontentement, fut très sa-
tisfait de cette espèce de dédommagement à leurs
maux; peut-être même que cette considération
fut autant que son dépit la cause de tous les désastres qu'éprouvèrent les habitants de la Syrie
et de la Palestine. Depuis le siége de Saint-Jean-
d'Acre, les murmures allaient toujours en aug-
mentant, et le général en chef voulant les appai-

ser , se servit tour à tour des moyens de violence
et de séduction. Ce fut ainsi qu'en passant à El
Arisch, au moment où il venait de livrer à l'avidité
de ses soldats les contrées qu'il avait traversées,
il fit fusiller huit dragons qui furent accusés d'a-
voir refusé de monter à l'assaut.

Voulant en imposer aux Egyptiens, qui ne
croyaient plus depuis long-temps au retour du
général ni à celui de son armée, il la fit défiler
devant eux avec beaucoup d'appareil; et il donna
l'aspect d'un triomphe à sa rentrée au Caire.
Il fit en même temps publier par son *divan*, qui
avait reçu ordre de venir en grande pompe au-
devant de lui, une proclamation dans laquelle on
voit que sa ferveur pour le Coran augmentait en
raison de la diminution de ses forces et de la
crainte qu'il avait des Musulmans. Cette pièce
contient d'ailleurs un historique assez remarquable de l'expédition de Syrie, et l'on y trouvera
la preuve de plusieurs faits que j'ai rapportés,
et dont Buonaparte s'est bien gardé de parler
dans ses rapports officiels (1).

_____

(1) « Il est arrivé au Caire, la bien gardée , le chef de
» l'armée française, le général Bonaparte, qui aime la
» religion de Mahomet. Il s'est arrêté avec ses soldats à
» Quoubbé, bien portant et sain , remerciant Dieu des
» faveurs dont il le comble. Il est entré au Caire par la

On voit aussi dans la proclamation qui vient d'être citée, que l'Egypte n'avait pas été tran-

---

» porte de la Victoire, le vendredi 10 du mois de
» mohharram de l'an 1214 de l'hégire, avec une suite
» et une pompe des plus grandes : ç'a été une fête de voir
» les soldats bien portants..... Ce jour a été un très grand
» jour ; l'on n'en a jamais vu de pareil. Tous les habi-
» tants du Caire sont sortis à sa rencontre ; ils ont vu et
» reconnu que c'était bien le même général en chef Bo-
» naparte, en propre personne ; ils se sont convaincus
» que tout ce qui avait été dit sur son compte était
» faux.....

» Nous vous informons que Djezar (le boucher),
» pacha, qui a été ainsi nommé à cause de ses grandes
» cruautés, ne faisant aucun choix de ses victimes, avait
» rassemblé un grand nombre de mauvais sujets ,.... vou-
» lant venir s'emparer du Caire et des provinces de l'É-
» gypte, et les encourageant par la promesse du pillage
» et du viol..... Le général en chef Bonaparte partit, bat-
» tit les soldats de Djezar..... Il prit le fort d'El-A'rich
» et tous les approvisionnements qui s'y trouvaient.......
» Il se porta ensuite à Ghazah, battit ce qu'il y trouva
» des troupes de Djezar, qui fuirent devant lui comme
» les oiseaux et les souris fuient devant le chat..... Étant
» ensuite arrivé à Ramléh, il s'empara encore des ap-
» provisionnements de Djezar, et de deux mille outres
» fort belles qui étaient là pour sa route sur l'Égypte ;
» mais Dieu ne l'a pas voulu. Il fut ensuite sur Jaffa et
» en fit le siége pendant trois jours.... Les habitants éga-

quille pendant l'absence de l'armée, et que plusieurs fois les habitants avaient cherché à pro-

———————————

» rés n'ayant pas voulu se soumettre et le reconnaître,
» ayant refusé sa protection, il les livra, dans sa colère
» et par la force qui le dirige, *au pillage et à la mort ;*
» *il en est péri aux environs de cinq mille.* Il a détruit leurs
» remparts et *fait piller tout ce qui s'y trouvait ;* c'est
» l'ouvrage de Dieu, qui dit aux choses d'être, et elles
» sont. Il a épargné les Égyptiens qui s'y sont trouvés,
» les a honorés, nourris et vêtus..... Il se trouvait à Jaffa
» environ cinq mille hommes des troupes de Djezar ; *il*
» *les a tous détruits ;* bien peu se sont sauvés par la fuite.
» De Jaffa il se porta à la montagne de Nablous, dans un
» endroit appelé Quaqoùn, et *brûla cinq villages de la*
» *montagne.* Ce qui était dans les destins a eu lieu : le
» maître de l'univers agit toujours avec la même justice.
» Après il a détruit les murs d'Acre, le château de Dje-
» zar...... Il n'a pas laissé à Acre pierre sur pierre, et en
» a fait un tas de décombres, au point que l'on demande
» s'il a existé une ville dans ce lieu...... Voilà la fin des
» édifices des tyrans. Il est retourné ensuite en Égypte
» pour deux motifs : le premier pour tenir la promesse
» qu'il avait faite aux Égyptiens de retourner à eux dans
» quatre mois, et ses promesses sont des engagements
» sacrés ; le second, c'est qu'il a appris que divers mau-
» vais sujets Mamlucks et Arabes semaient le trouble et
» la sédition pendant son absence. ... Son arrivée les a
» tous dissipés..... Toute son ambition est toujours la
» destruction des méchants, et son envie de faire le bien

fiter de la faiblesse des garnisons françaises, pour former des insurrections sur différents points. Ces révoltes avaient été assez heureusement réprimées; mais chaque jour il s'en manifestait de nouvelles. La plus considérable fut celle qu'excita une espèce d'illuminé, qui, se disant envoyé de Dieu, était parvenu à réunir plusieurs milliers de sectaires. Ces fanatiques avaient commencé *leur mission* à Damanhour, par l'égorgement d'un poste de soixante français. Le général Lanusse marcha contre eux, en tua par la mitraille un très grand nombre, qui se précipitaient sur les canons, se croyant invulnérables; entra dans la ville, la brûla, et passa quinze cents habitants au fil de l'épée. « Un » monceau de cendres, dit le rapport officiel, » indique la place où fut Damanhour. »

» aux bons..... Retournez donc, créatures de Dieu, vers
» Dieu; soumettez-vous à ses ordres, la terre lui appar-
» tient; suivez ses volontés, et sachez qu'il dispose de la
» puissance et la donne à qui il veut; c'est ce qu'il nous
» a ordonné de croire..... Lorsque le général en chef est
» arrivé au Caire, il a fait connaître au Divan qu'il aime
» les Musulmans, qu'il chérit le prophète...... qu'il s'ins-
» truit dans le Koran, qu'il le lit tous les jours avec
» attention..... Nous savons qu'il est dans l'intention de
» bâtir une mosquée qui n'aura point d'égale dans le
» monde, et *d'embrasser la religion musulmane.* »

Le général Lanusse ne pouvait pas sans doute trouver un moyen plus efficace pour apaiser une révolte; et celui-là devait être infaillible, tant que la force serait là pour l'appuyer. D'autres mouvements du même genre, sur différents points de la Basse-Egypte, furent réprimés de la même manière. Mais ces révoltes étaient comme l'hydre de Lerne; à peine les avait-on apaisées sur un point, qu'elles renaissaient sur un autre. Quelques partis de Mamluks que le général Desaix contenait avec peine dans la Haute-Egypte, avaient lié leurs mouvements à ces insurrections; ils s'étaient aussi concertés avec les Arabes. Enfin les Français, qui faisaient chaque jour de nouvelles pertes, sans pouvoir renouveler leurs forces, voyaient à chaque instant augmenter celles de leurs ennemis.

D'un autre côté, l'armée n'était pas payée; sa solde était arriérée de plusieurs mois; l'habillement et l'équipement étaient dans le plus mauvais état; et ce n'était qu'à la pointe de l'épée que l'on obtenait les choses les plus nécessaires à son existence.

M. Poussielgue, qui était alors en Égypte à la tête de l'administration française, a fait un tableau bien frappant des vexations qui furent exercées envers les habitants. L'importance de son témoignage, autant que l'intérêt des dé-

tails qui s'y trouvent, me déterminent à en donner
les passages les plus remarquables.

« Il n'y a plus de contributions extraordinaires
» à espérer dans un pays *sans aucun commerce*
» *depuis dix-neuf mois* (1). L'argent des chré-
» tiens est épuisé ; on ne pourrait en demander
» aux Turcs *sans occasionner une révolte ;* et
» d'ailleurs on n'en obtiendrait pas ; l'argent est
» enfoui, et les Turcs plus encore que les chré-
» tiens *se laissent assommer de coups*, et quel-
» ques-uns SE SONT LAISSÉS COUPER LA TÊTE,
» *plutôt que de découvrir leurs trésors...* Les
» paysans tiennent encore plus à leur argent
» que les habitants des villes ; ils ne payent qu'à
« la *dernière extrémité et sou à sou.* Leur ar-
» gent est caché, leurs effets et leurs den-
» rées sont enfouis. S'ils voient venir une co-
» lonne de troupes ils s'enfuient avec leurs fem-
» mes, leurs enfants et leurs bestiaux, et l'on ne
» trouve plus que des cahuttes abandonnées. S'ils
» croyent être assez forts, *ils se battent* et ap-
» pellent à leur secours les villages voisins, même
» les Arabes. Quelquefois si on peut attraper
» les chefs du village, *on les mène en prison,*

(1) Cette lettre, datée du 21 septembre 1799, fut
adressée au directoire peu de temps après le départ de
Buonaparte.

» *où on les retient jusqu'à ce que le village*
» *ait payé;* ce moyen lent ne réussit pas tou-
» jours. Si on parvient *à leur enlever leurs cha-*
» *meaux, leurs buffles et leurs troupeaux, ils*
» *les laissent vendre et s'exposent à mourir de*
» *faim en laissant leurs terres incultes.* Il faut
» donc avoir sans cesse dans chacune des seize pro-
» vinces de l'Egypte soixante, *ou* cent *hommes*
» uniquement employés à *forcer les villages* à
» *payer;* et souvent après une journée *pénible*
» ils reviennent avec très peu de chose. Il est fa-
» cile d'imaginer toutes les *vexations*, les *dé-*
» *gâts* et les *désordres* qui accompagnent leurs
» courses. Le recouvrement des grains est encore
» plus difficile; il faut également *contraindre*
» *les villages à payer ceux qu'ils doivent,*
» *par la baïonnette.* »

C'est après un tableau aussi affligeant, qu'on
lit dans le même rapport la phrase suivante :

« Le peuple égyptien, malgré ses fréquentes
» *révoltes* contre nous, peut passer *pour un*
» *peuple très doux;* mais il est *dissimulé*, et il s'en
» faut de beaucoup qu'il nous aime, quoiqu'il
» ait été traité *avec plus d'égards* qu'on n'en
» avait jamais accordé à aucun peuple conquis. »

Il est difficile d'allier les *égards* dont parle ici
M. Poussielgue avec les *vexations* et les *dégâts*
dont il fait en même temps une description si
touchante. Que pense-t-il donc qu'on eût pu faire

de pire envers des peuples conquis, que *de ven-dre leurs bestiaux*, que de les contraindre à *mourir de faim*, *les assommer de coups et leur couper la tête* pour leur arracher leur argent ? J'ai cru d'abord lire dans ce récit une description de tous les maux que l'on fit éprouver si long-temps aux Français par les terribles lois de la conscription ; mais j'ai vu ensuite qu'il ne s'agissait que des iniquités commises envers les Égyptiens. Cependant il me sera permis de croire que quelques-uns de nos administrateurs étaient allés chercher des leçons dans l'Orient.

L'arrivée de Buonaparte et de son armée appaisa pour quelques instants la fermentation que d'aussi odieux traitements excitaient sans cesse. Mais des attaques plus sérieuses devaient bientôt occuper ce général. On l'informa qu'il se préparait une expédition dans les ports de l'Angleterre. La Porte-Ottomane, qui avait été si long-temps à se mettre en mouvement, désormais forte de son alliance avec les Anglais et les Russes, allait enfin diriger une armée en Syrie, et dans le même temps une autre armée turque se préparait dans l'île de Rhodes à descendre sur les côtes d'Egypte. Les Arabes et les Mamlucks de Mourad et d'Ibrahim, loin d'être *anéantis*, comme on l'avait dit souvent dans les rapports officiels, étaient informés de tous ces préparatifs, et ils allaient joindre leurs efforts à ceux de tant

de redoutables ennemis. Ainsi les injustes agres-
sions de Buónaparte avaient ligué contre nous
des peuples toujours ennemis ; ainsi par des attaques aussi inutiles qu'impuissantes, il avait réuni contre la France des nations dont notre politique la plus habile et la plus prévoyante consis-
tait depuis si long-temps à entretenir les divisions. Par lui tous nos rapports étaient changés
dans l'Orient ; par lui toutes nos alliances s'y
trouvaient rompues. Tels étaient les premiers résultats d'une entreprise qui avait dû nous ouvrir
des sources intarissables de prospérités. On sait
à présent au profit de quelle puissance il renversa
l'antique gouvernement de l'île de Malte ; on sait
aussi quel est le souverain qui a profité de la
chute des Mamluks, dont l'imprudent général
fut le provocateur.

A peine l'armée française s'était-elle reposée
pendant un mois des fatigues de la Syrie, que
son général apprit que les Mamlucks de la Haute-
Egypte s'étaient divisés en deux corps, dont l'un
cherchait à se joindre à Ibrahim sur la droite du
Nil, et l'autre, sur la rive gauche, et sous les
ordres de Mourad bey lui-même, se dirigeait vers
la mer, afin de se réunir à l'armée de débarquement. Cette combinaison pouvait avoir des
suites bien fâcheuses, si Buonaparte eût laissé
à ses ennemis le temps de l'exécuter ; mais il se
trouvait dans une position centrale, bien à por-

tée d'observer les mouvements de tous les corps ennemis; et il lui était facile de se porter avec ses principales forces sur celui qu'il lui importerait d'écraser le premier. Il se dirigea d'abord contre la gauche de Mourad bey, qui s'était avancée jusqu'auprès des pyramides de Gizeh. La seule apparition de l'armée française fit rentrer les Mamlucks dans le désert.

Ce fut là que Buonaparte reçut la nouvelle de l'arrivée de Mustapha pacha, dans la rade d'Aboukir avec une flotte de cent voiles et une armée de débarquement. Il apprit presque en même temps que l'avant-garde de cette armée, composée de trois mille hommes, avait débarqué dans la presqu'île avec de l'artillerie, et qu'elle s'était emparée de la redoute et du fort. Sa résolution fut aussitôt prise, et ne laissant au Caire qu'un petit nombre de troupes, pour contenir les mécontents et faire face aux Mamlucks, il dirigea toutes ses divisions vers Aboukir.

Les Turcs avaient débarqué neuf mille hommes (1) et par la jonction de quelques Egyptiens

---

(1) Dans son rapport officiel, Buonaparte a fait monter à quinze mille hommes l'armée qu'il avait eue à combattre à Aboukir, mais un rapport ultérieur, fait par Kléber, et qui doit aussi être considéré comme officiel, ne fait monter ce nombre qu'à neuf mille hommes.

et de quelques Arabes, la totalité de leur armée s'élevait à dix mille combattants. Ces troupes n'avaient pas osé s'avancer à plus d'une demi-lieue du fort, et elles étaient encore occupées à se fortifier dans la presqu'île, lorsque Buona-parte se montra avec toute son armée, devant un ennemi assez maladroit pour l'attendre dans une position où le moindre échec allait le jeter dans la mer, et derrière des retranchements construits à la hâte sur un sable mouvant, et que le premier effort de l'artillerie devait ren-verser.

Dans les circonstances fâcheuses où se trou-vait Buonaparte, c'était pour lui une bonne for-tune qu'une victoire aussi facile et aussi im-portante. Il s'aperçut au premier coup-d'œil de tous les avantages qu'elle lui présentait, et il ne perdit pas un instant pour les obtenir. Le 23 juillet il marcha avec dix mille hommes d'infanterie et mille cavaliers contre cette ri-dicule position défendue par un nombre à peu près égal de Musulmans. Ces derniers n'avaient pas un seul homme de cavalerie; ils avaient compté sur les Arabes et sur les Mamlucks. Mais, ainsi que cela arrive si souvent dans les opéra-tions combinées, ceux-ci n'étaient pas encore arrivés sur le point convenu. Les Turcs avaient formé deux lignes à une trop grande dis-tance l'une de l'autre, et de manière qu'il

leur était impossible de se secourir. Au milieu de la première de ces deux lignes se trouvait une plaine qu'ils avaient négligé d'occuper,
et dans laquelle la cavalerie française pénétra
sans le moindre obstacle dès le commencement
de la bataille. Cette cavalerie se trouva alors sur
les derrières de leur aile droite et de leur aile
gauche. Elle en fit un grand carnage, et la plus
grande partie fut obligée de se jeter dans la
mer.

L'attaque de la seconde ligne présentait de
plus grandes difficultés; placée à six cents toises de son avant-garde, cette seconde ligne
avait été témoin de sa défaite sans pouvoir la
secourir; mais beaucoup de raisons empêchaient
qu'elle n'eût à redouter un pareil sort; d'abord
elle était plus nombreuse, ensuite elle avait moins
de terrain à défendre, l'isthme étant sur ce point
extrêmement étroit. De plus ses flancs étaient cou-
verts par trente chaloupes-canonières. Le village
d'Aboukir, qui se trouvait dans le milieu de la
position, avait été crénelé, barricadé, et il était
occupé par de l'infanterie. Mais il paraît que cette
infanterie n'était pas en assez grand nombre,
puisque, dès la première charge, la cavalerie française y pénétra, et qu'elle se porta ensuite successivement contre les deux ailes qu'elle attaqua
sur leurs derrières, tandis que l'infanterie les

attaquait sur leur front, comme il était arrivé à la première ligne.

Les Musulmans abandonnèrent alors leurs retranchements, et ils tombèrent sous les coups de la cavalerie, qui en fit encore une fois un horrible massacre. Tous périrent les armes à la main, ou se noyèrent dans la mer, à l'exception de deux cents hommes qui se rendirent avec le pacha. A la fin de la journée il ne restait plus de cette armée, sur laquelle la Porte-Ottomane avait fondé de si grandes espérances, que la garnison du fort composée de deux mille hommes. Cette garnison fut obligée de se rendre après un bombardement qui dura huit jours, et dans lequel les deux tiers des assiégés périrent. Le neuvième jour, les autres, mourants de faim, vinrent en suppliants, se jeter aux pieds du vainqueur.

Cette victoire fut principalement due à la valeur de la cavalerie, qui pénétra successivement avec autant de bonheur que de courage sur les derrières des deux lignes ennemies. C'était la première fois que cette arme rendait de pareils services en Égypte, mais aussi c'était la première fois que les Musulmans s'étaient présentés sans cavalerie, et il est probable que la nôtre n'eût pas obtenu un tel succès, si les Mamlucks et les Arabes avaient pu se réunir à l'armée turque au moment où elle débarqua. C'est en

cela qu'il faut rendre justice à l'habileté du général en chef, qui profita bien des avantages de
sa position centrale, d'abord pour rejeter dans
leurs déserts les Mamlucks de Mourad Bey,
ensuite pour surprendre l'armée ottomane avant
qu'elle eût fait des progrès dans l'intérieur de
l'Égypte, où elle aurait trouvé de nombreux
partisans, et qui enfin dirigea cette attaque avec
tant de vivacité et une si admirable précision.

Le Commodore Sydney Smith se présenta
dans la rade avec un second convoi, au moment
où la destruction du premier venait d'être con-
sommée. Cette descente fut en général si mal con-
certée de la part des ennemis des Français, que
le débarquement, qui devait se faire en même
temps à Damiette, n'eut lieu que quatre mois
après celui d'Aboukir, et qu'il fut alors repoussé
par les mêmes troupes qui s'étaient si bien mon-
trées le 23 juillet.

Après cette glorieuse journée, le pacha prisonnier fut conduit au Caire, et Buonaparte envoya ses trois queues au directoire. Il le traita
avec beaucoup d'égards, et fit célébrer en sa présence une fête de Mahomet, dans laquelle il s'offrit encore une fois en spectacle comme *envoyé
du prophète*. Quoique ce pacha eût fait des
fautes militaires bien graves, c'était un homme
très brave et de beaucoup d'esprit. Buonaparte
lui dit un jour : « Je ferai connaître au grand-

» seigneur ta conduite distinguée dans la ba-
» taille que tu as eu le malheur de perdre. —Tu
» peux t'en dispenser, répondit le pacha, le
» grand-seigneur me connaît mieux que toi. »

Cependant la victoire d'Aboukir n'avait donné
au général en chef que quelques mois de sécurité; d'autres armements se formaient dans l'île
de Rhodes; des troupes russes devaient faire partie
d'un nouveau débarquement que Sydney Smith
allait diriger; le grand-visir, à la tête d'une nombreuse armée, était déjà arrivé à Damas, et il
s'y réunissait aux troupes victorieuses du pacha
de Saint-Jean-d'Acre; enfin j'ai déjà parlé d'un
armement considérable qui déjà était près d'arriver des bords de la Tamise. Menacé par
tant d'ennemis à la fois, Buonaparte ne pouvait
espérer aucun secours, et chaque jour, chaque
instant, augmentait de plus en plus l'embarras
de sa situation. La crainte vint encore ajouter
aux dangers dans lesquels il se trouvait, et,
comme il arrive toujours à ceux qui forment sans
prévoyance des entreprises au-dessus de leurs
forces, il manqua tout-à-fait de présence d'esprit
dès qu'il crut que le péril était imminent. Son
imagination ne fit qu'y ajouter, et il ne songea
plus qu'à s'y soustraire personnellement.

Tel était l'état de ses affaires et les dispositions
de son esprit, lorsqu'il se décida à retourner en
France. Cette résolution si imprévue devait le

perdre à jamais; toutes les probabilités se réu-
nissaient contre lui : il échappa cependant aux
dangers les plus évidents, et c'est au succès incroyable de cette téméraire résolution, qu'il faut
attribuer tous les maux dont les nations ont eu à
gémir si long-temps !

Soit qu'il eût à craindre les effets du mécontentement de son armée, soit qu'il voulût empêcher que les croisières anglaises ne fussent
averties, ce fut avec le plus grand secret qu'il fit
les préparatifs de son départ. Il existait encore
dans le port d'Alexandrie deux frégates et un
aviso ; c'étaient les restes de cette flotte innom-
brable sortie des ports de France quinze mois
auparavant ! Le contre - amiral Gantheaume
reçut ordre de les tenir prêts à partir ; et pour
l'exécution de cet ordre, il fut obligé d'enlever
de dessus les remparts d'Alexandrie toute l'artillerie qui était nécessaire à la défense de cette
place. Lorsque ces bâtiments furent près d'appa-
reiller, Buonaparte se rendit secrètement sur le
rivage avec sa compagnie des guides et un petit
nombre de ses officiers les plus dévoués. Tous
ignoraient leur destination, et ce ne fut qu'en
pleine mer que le général leur annonça qu'il retournait en France.

Ainsi s'éloigna du théâtre de sa honte, cet
homme qui avait prétendu marcher sur les traces
des plus fameux conquérants de l'antiquité ! Ainsi

il se sauva comme un lâche déserteur, celui qui avait puni avec tant de rigueur les moindres fautes de ses soldats ; ainsi il les abandonna lorsqu'il les crut voués à une mort assurée! Il allait de nouveau s'exposer au milieu des flottes britanniques, à tous les hasards de la mer. Le directoire pouvait, à son arrivée en France, le traduire devant un conseil de guerre; il le devait même, et selon toutes les lois militaires, cette désertion eût été punie par le dernier supplice; enfin il est sûr qu'en voulant se soustraire aux dangers qui le menaçaient en Égypte, cet insensé courait à des dangers plus réels. Mais encore une fois, contre toutes les probabilités il échappa à ces nouveaux périls, et il vint se mettre au-dessus de tous les pouvoirs, lorsque par un acte de bassesse et de lâcheté, le plus coupable que puisse commettre un général, il s'était exposé au plus sévère châtiment, et que la moindre peine qu'on dût lui infliger c'était de le déclarer indigne de paraître au dernier rang de l'armée.

Il convient cependant de dire à la justification des Français, qui le laissèrent ainsi usurper le pouvoir souverain, qu'ils ne connaissaient encore que ce qu'il y avait eu de beau dans sa conduite. Tout le monde ignorait en France, à l'époque si funeste du 18 brumaire, ce qui s'était passé en Égypte. L'éclat des campagnes d'Italie n'y paraissait effacé par aucun revers ; aucune action infâme ne semblait l'avoir terni. S'ils avaient connu tout ce que cet homme venait de faire dans l'Orient, n'auraient-ils pas eu horreur de sa présence, ceux-là même qui concoururent à son élévation ? La nation n'eût-elle pas été transportée d'indignation, ne se serait-elle pas soulevée toute entière, si elle eût pu savoir que ses destinées allaient être placées dans des mains souillées par d'aussi exécrables forfaits ? Un petit nombre de Français purent ensuite révéler ces atrocités ; mais on sait avec quels soins il les fit circonvenir ; on sait comment le silence le plus absolu leur fut imposé si long-temps par la crainte ou par la reconnaissance.

Sentant les reproches qui pouvaient lui être adressés par les troupes qu'il abandonna à leur malheureux sort, lorsqu'il partit d'Égypte, Buonaparte voulut leur faire croire que ce n'était qu'en conséquence d'ordres positifs du gouvernement qu'il retournait en France. Kléber lui-même, qui le connaissait si bien, fut dupe pendant quelques jours de ce mensonge ; et ce général auquel il avait laissé le commandement, écrivit au Directoire peu de jours après sa fuite : « Il (Buonaparte) voyait la crise fatale » s'approcher : *vos ordres ne lui ont pas permis* » *de la surmonter.* »

La crise fatale s'approchait en effet d'une

manière évidente ; cependant elle n'était pas
aussi prochaine que la peur l'avait fait croire à
Buonaparte, et s'il avait eu plus de courage, il
pouvait l'éloigner au moins pour quelque temps.
Le général Kléber tint encore pendant plusieurs
mois dans cette position difficile ; il obtint même
des succès, et il gagna la bataille d'Héliopolis contre des forces bien supérieures à celles que Buonaparte avait eu à combattre. Il remporta avec
huit mille Français devant soixante mille Turcs,
cette brillante victoire, la plus glorieuse peut-être
qu'aient obtenue les armées françaises pendant
tout le cours d'une guerre si longue et dans laquelle
tant de beaux faits d'armes les ont illustrées.

Mais pour le véritable courage et même
pour l'habileté, Kléber était un autre homme
que Buonaparte. On sait comment ce général
mourut peu de temps après ; on sait aussi combien de motifs Buonaparte avait pour se dé-
faire d'un rival aussi dangereux. Ces considérations ont fait croire à beaucoup de monde
que le général déserteur, après s'être emparé en
France du pouvoir souverain, et après avoir
reçu les rapports dans lesquels le brave Kléber
l'accusait de la manière la plus fondée et la plus
positive, avait lui-même ordonné son assassinat.
Mais ce crime n'a pas été prouvé, et je me garde-
rais bien de diriger une accusation incertaine
contre un homme chargé de tant d'autres crimes

si avérés et si incontestables! Peut-être que l'a-
venir révélera quelque chose à cet égard. En attendant il faut que l'on sache qu'après la fuite de
Buonaparte, Kléber assembla un conseil pour
examiner sa conduite; qu'elle y fut unanimement
condamnée, et qu'un rapport signé par tous les
membres de ce conseil, fut envoyé au directoire.
Mais pendant ce temps-là Buonaparte renversait
lui-même ce gouvernement; déjà il s'était mis
à sa place, et ce fut lui qui reçut la dépêche ac-
cusatrice! Qu'on juge de la haine qu'il dut porter à Kléber. S'il n'est pas prouvé que ce soit
par suite de cette haine qu'est mort le malheureux
général, on sait au moins avec quelle petitesse le
grand consul se vengea sur ses restes inanimés.
Après leur capitulation, les soldats de l'armée d'É-
gypte rapportaient avec eux les dépouilles mortelles de Kléber, et ils ne doutaient pas que la
France toute entière ne s'empressât d'honorer la
mémoire d'un homme si grand et si admirable
dans toute sa conduite. Buonaparte empêcha que
le cercueil fût débarqué, et on le déposa au château d'If, où il est resté sans honneurs. Il serait
peut-être digne aujourd'hui d'un gouvernement
qui s'est chargé de réparer tant de torts, de ne
pas oublier celui-là. Un arrêté Consulaire avait
ordonné au commencement de 1800, l'érection
d'un double monument consacré à Kléber et à
Desaix. Lorsque la première pierre de ce monu-

ment fut posée sur la place des Victoires, le Sénateur Garat, prononça un Discours qui atteste encore ce qui vient d'être dit. Depuis ce temps-là, Buonaparte changea d'avis, et il n'y eut d'élevé que la grotesque et indécente statue de Desaix qui vient enfin d'être déplacée.

Au milieu de tant d'événements si étonnants et si extraordinaires qui ont signalé la carrière militaire et politique de Buonaparte, l'expédition d'Egypte est peut-être celui que les observateurs doivent considérer avec le plus d'attention. Il eut sur les destinées du monde entier une grande influence ; il assura pour long-temps le triomphe des Anglais dont il devait renverser la puissance ; il fit éprouver aux Français des pertes qui ne peuvent pas être réparées.

L'histoire de cette expédition doit aussi être considérée sous un autre point de vue, bien digne de fixer les regards. Dans aucune situation le caractère de Buonaparte ne s'est montré plus à découvert. Ce fut là que parurent dans tout leur jour, sa cruauté et son mépris pour l'espèce humaine ; ce fut là que pour la première fois il fit éclater sans mesure et sans retenue toute son ambition et son orgueil. Déjà quelques côtés de cet odieux naturel s'étaient montrés dans les guerres d'Italie ; mais alors il dissimulait encore ; il était au milieu de l'Europe et sous les yeux d'un gouvernement ombrageux.

A peine a-t-il quitté le rivage français qu'il lève
tout-à-fait le masque. Dans ses ordres et dans ses
proclamations il prend le ton d'un despote de
l'Orient. C'est comme Nadir ou comme Gengis-
khan, qu'il prétendait envahir l'Asie ; il se conduisit envers les peuples et envers les armées
comme ces barbares conquérants ; il les surpassa
même en violences et en cruautés. J'ai rapporté
des crimes qui ne se trouvent pas dans l'histoire
des monstres les plus féroces.

Dans ses campagnes d'Italie il avait montré quelquefois une sorte de grandeur et de dignité ; il
s'était souvent distingué par une habileté remarquable dans les opérations militaires ; et l'on a
vu qu'à cet égard je lui ai rendu justice toutes
les fois que j'ai dû le faire. En Egypte et surtout
en Syrie ses crimes les plus odieux ne sont ra-
chetés ni par une opération remarquable ni par
un seul trait de courage. J'ai cherché des occasions de le louer au moins sous ce rapport; je n'en
ai trouvé qu'une, c'est la bataille d'Aboukir ;
et certes dans cette circonstance il dut autant
à l'ignorance et à la maladresse de ses ennemis
qu'à son courage et à son habileté. Les autres
opérations militaires qu'il dirigea dans ces contrées ne méritent pas même d'être examinées
sous le rapport de l'art. Ce fut encore à force
de mouvements, d'attaques et de sacrifices qu'il
voulut triompher dans une position où il ne pou-

vait se soutenir que par la défensive la plus sévère et la plus circonspecte.

Après avoir partout prodigué les déclarations
les plus fausses, les promesses les plus menson-
gères, il fit piller et massacrer impitoyablement
des peuples dont il avait promis si solennellement de respecter les personnes et les biens ; il
fit égorger jusques dans les temples de leur
Dieu ceux dont il avait annoncé avec tant de ridicule qu'il partageait la croyance. Le nom
français était autrefois chéri et vénéré dans
l'Orient; depuis cette époque il y est abhorré.
Lorsque tant d'injustices et de cruautés eurent
porté l'indignation dans l'esprit de toutes les nations et de tous les souverains ; lorsque toutes les
puissances furent réunies contre l'armée française, celui qui avait excité cet orage, celui que
son devoir appelait le premier à le conjurer, ne
songea plus qu'à se sauver honteusement.

Revenu dans sa patrie il y fut comblé d'honneurs, il monta sur le trône lorsqu'il devait
mourir dans l'opprobre et l'ignominie. Il a occupé ce trône pendant quatorze ans ; il y serait
encore s'il eût pu devenir sage, et si les mêmes
passions, les mêmes vices qui l'y avaient porté,
n'eussent pas concouru tous les jours à l'en
précipiter.

FIN DE LA SECONDE PARTIE.

www.ingramcontent.com/pod-product-compliance
Lightning Source LLC
Chambersburg PA
CBHW070754290326
41931CB00011BA/2004